사위에게 알려주는 주식 노하우

김병호 지음

사위에게 알려주는 주식 노하우

김병호 지음

도서출판 디자인21

프롤로그

'주식으로 부업하기'를 사랑해 주신 모든 독자분들께 늦었지만 진심으로 감사드리며 12년 만에 '사위에게 알려주는 주식 노하우'를 출간하게 되었습니다.

이 책은 기존의 복잡하고 어려운 주식 이론서가 아닙니다. 초보 투자자들이 쉽게 접근하여 바로 수익을 낼 수 있도록 꼭 알아야 할 사항들만 모아서 아주 쉽게 설명한 실전 투자용 안내서입니다.

필자의 30년 투자 경험을 바탕으로 집필하여 다른 책이나 인터넷 사이트에서는 쉽게 접할 수 없는 투자 노하우와 많은 정보들이 실려 있습니다. 특히 단기 투자에는 결정적인 도움을 줄 것입니다.

책 제목에 나오는 사위에게 꼭 전해주고픈 주식 투자 노하우를 실었습니다. 그는 현재 작은 약국을 운영하는데 복약지도는 잘 하지만 주식 투자는 너무 형편없어서 조금이나마 도움을 주려는 마음이 큽니다.

프라이버시가 손상될 것 같아 많이 망설였지만 독자분들에게 신뢰를 드리기 위해 부록에 필자의 실제 데이트레이딩 내역서를 실었습니다. 거래 내역서를 보면 아시겠지만 필자는 1,000만 원 내외의 자금으로 주식투자를 합니다. 부담 없는 금액이므로 마음 편하게 오락 게임을 하듯이 즐기면서 합니다. 또한 매달 10~40%의 수익을 올리고 있습니다. 어쩌다 한 번이 아니라 매달 꾸준하게 이 정도의 수익을 올립니다. 장이 좋든 나쁘든 큰 영향을 받지 않습니다. 오히려 장이 나쁠 때가 수익을 올리기가 더 쉽습니다. 독자들은 약간 의아해하겠지만 이 책을 끝까지 다 읽으면 무슨 말인지 저절로 알게 될 것입니다.

그렇다고 필자가 남들보다 똑똑한 것은 절대로 아닙니다. 아주 평범한 사람입니다. 아니 보통보다 약간 부족한 편일 것입니다. 왜냐하면 남들 다 하는 운전도 못하고, 컴퓨터를 접한 지 20여 년이 지났지만 아직 독수리 타법을 벗어나지 못하는 수준이니 말입니다. 이 말은 보통 사람들도 이 책을 지침서로 삼아서 나만의 투자 철학을 세우고 기본 원칙을 철저히 지키며 정석 투자를 하면 누구나 주식 투자로 성공할 수 있다는 뜻입니다. 아무쪼록 초보 주식 투자자들과 다시 새롭게 투자하려는 모든 분들이 이 책을 읽고 음미하고 잘 소화하여 원하는 성과를 거두시길 바랍니다.

끝으로 '사위에게 알려주는 주식 노하우'를 출간할 수 있도록 승낙과 도움을 주신 도서출판 디자인21 대표님 이하 모든 분들과 사랑하는 가족들에게 감사의 마음을 전합니다.

2023년 2월

김 병 호

차례

Ⅰ. 투자의 기본상식과 원칙 / 11

II. 투자 종목 선정 / 67

III. 매수 / 87

IV. 매도 / 95

V. 명심해야 할 투자 격언 / 105

I.

투자의 기본상식과 원칙

1.
잃지 않는 투자 노하우

주식 투자의 근본 이유는 높은 수익을 올리기 위해서이다. 하지만 현실은 그렇지 않다. 일반 투자자 중 80% 이상이 손실을 보고 있다. 그 원인은 투자의 기본이나 원칙을 모르거나 알아도 실천하지 못한 탓이다.

몇 가지 중요한 투자의 기준이나 원칙을 살펴보자.

투자의 기본으로 강세장이면 장기투자를 약세장에서는 쉬면서 관망하거나 투자금액을 줄이고 단기 투자함이 정석이지만 그렇지 않아 손실을 보는 경우가 많다.

그리고 중요한 손절매 원칙이 있다. 현재 보유하고 있는 주식이

10~20% 이상 손실이 나 있으면 최소한 손절매 원칙을 지키지 못한 것으로 변명의 여지가 없을 것이다.

종목 선정을 할 때는 재무제표를 통한 기본적 분석과 차트 분석을 통한 기술적 분석이 투자의 기본이지만 실제로 실천하고 있는지 되돌아보아야 한다.

매수할 때는 분할 매수하고 있는지 살펴보아야 하고 이때는 가격과 시점도 분할 매수하는 것이 좋다.

매도할 때도 확실한 매도의 기준이 있어야 한다.

매도의 기준은 매도 시점 잡기 편을 참고하면 된다.

기준이 없는 투자는 위험하다. 평소 꾸준한 연구와 분석으로 종목 선정을 해 두고 투자의 기본과 원칙을 철저히 지키고 실천하면 잃지 않는 성공 투자를 할 수 있을 것이다.

2.

9.11 테러 때의 주가

9.11테러란 반미 테러 조직인 알카에다가 2001년 9월 11일 미국 뉴욕에 있는 세계무역센터 건물과 워싱턴 국방부 청사 펜타곤 등에 네 대의 여객기를 납치하여 충돌시킨 사건이다.

이때 희생된 숫자는 항공기에 탑승한 승객 266명 전원이 사망하고 워싱턴 국방부 청사 공격에서 125명이 사망 또는 실종하였으며 세계무역센터 건물에서 2,500~3,000명이 사망 또는 실종되었다. 미국 대통령이 있는 백악관도 목표물이 되었으나 다행히 이것은 실패로 끝났다.

이 엄청난 사건으로 미국뿐만 아니라 전 세계가 큰 충격을 받아

주식 시장은 대폭락을 했다.

코스피는 9.11테러 이후 첫 거래일에서 -12.02% 코스닥은 -11.59% 폭락했다.

한편 미국은 투자자 보호를 위하여 테러 당일부터 4일간 주식 시장을 거래정지 시켰다. 그 후 주식 시장이 다시 열렸을 때 다우지수는 7% 정도 빠졌고 그 후에도 약세를 지속하여 열흘이 지난 9월 21일에는 테러 전일보다 다우지수는 14% 정도 하락했다.

이때부터 미국은 경기 부양을 위해 초저금리 정책으로 전환했으며 2개월 정도 지난 후에는 9.11테러 발생 이전의 수준으로 회복했다.

결론적으로 외부충격에 의한 주가 폭락이 올 때는 얼마 지나지 않아 주가는 회복하므로 기회를 놓치지 말고 적절한 매수 기회를 잡아야 한다. 수익을 올릴 수 있는 절호의 기회이기 때문이다.

〈참고〉

1983년 현재의 코스피 지수가 산출된 이후 코스피 지수의 역대 하락률을 살펴보자.

1위. 2001년 9월 12일 -12.02% (9.11 테러 충격)
2위. 2000년 4월 17일 -11.63% (IT 버블 충격)
3위. 2008년 10월 24일 -10.57%(미국 리먼 사태)
4위. 2008년 10월 16일 -9.44%(미국 리먼 사태)
5위. 2020년 3월 19일 -8.39%(코로나19 감염병)

3.
블랙 먼데이

블랙 먼데이는 1987년 10월 19일 월요일 뉴욕 증권시장의 주가 대 폭락을 의미하는 말이다.

이날 하루 동안 다우존스 평균주가는 22.6% 포인트 폭락했다. 지금까지 깨어지지 않은 미국 역사상 최대 하락 폭이다.

이 말은 원래 1929년 10월 28일 월요일 뉴욕 증시가 12.6% 하락하자 주요 통신사와 신문들이 '블랙 먼데이'라는 용어로 기사를 타전하면서 처음 사용하였다.

블랙 먼데이라는 용어는 1987년 이전에는 금융 경제와 실물 경제를 포함하여 경제 전반적으로 공황을 촉발하는 개념으로 쓰였으나 요즘에는 주가 대 폭락을 뜻하는 용어로 쓰인다.

여기서 그 밖의 주요한 주가 대 폭락기록을 보자(미국 다우존스 기준).

2008년 9월 29일: 리먼 사태 발생에 의한 글로벌 금융 위기의 한파로 다우존스 기준으로 6.98% 폭락했다.

2020년 3월 16일: 코로나 신종바이러스 감염증의 여파로 다우존스 주가가 12.93% 폭락했다.

〈참고〉

주가 폭락의 역대 기록 (미국 다우존스 기준)

1위: 1987년 10월 19일 −22.61%
2위: 2020년 3월 16일 −12.93%
3위: 1929년 10월 28일 −12.82%
4위: 1929년 10월 29일 −11.73%
5위: 2020년 3월 12일 −9.99%

주가 폭등의 역대 기록 (미국 다우존스 기준)

1위: 1933년 3월 15일 +15.34%
2위: 1931년 10월 6일 +14.87%
3위: 1929년 10월 30일 +12.34%
4위: 2020년 3월 24일 +11.37%
5위: 1932년 9월 21일 +11.36%

4.
엘리어트 파동 이론

엘리어트 파동 이론은 미국의 회계학자인 엘리어트가 주식 시장 움직임을 연구 분석한 이론으로 주가는 연속적으로 8개의 파동이 사이클을 이루며 상승과 하락을 반복한다는 이론이다. 주가 변동을 예측하는 기법으로 사용되며 주식의 매수 시점과 매도 시점을 찾는데 상당한 효과가 있다.

각 파동의 특징을 살펴보면

상승 1파 : 상승의 초기국면으로 상승 폭과 상승 기간이 아주 짧다.

기본모형: 그림에서 보는 바와 같이 상승 5파와 하락 3파 모두 8개의 파동으로 구성됨.

상승 2파 : 상승 1파와 달리 하락하는 국면이다. 1파 상승분의 50% 정도 하락한다. 주식을 매수할 시점이다.

상승 3파 : 상승 파동 중 상승 폭과 상승 기간이 가장 길다. 적극적으로 매수할 시점이다.

상승 4파 : 상승 3파에서 급등한 주가가 조정받는 구간으로 상승 3파 상승분의 38% 정도 하락한다.

상승 5파 : 상승국면 중 마지막 파동으로 거래량이 큰 폭으로 실리면서 주가가 강하게 상승했던 상승 3파와는 다르게 거래량도 줄고 상승 폭도 작다. **매도 시점이다.**

하락 a파 : 하락국면의 초기 단계로 일시적인 조정과 다르게 거래량이 증가하면서 하락한다.

하락 b파 : 하락 a파 때 하락한 주가에 대한 반발 매수로 일시적인 상승하는 구간이다. 매도할 기회를 놓쳐 보유 중인 주식을 적극적으로 매도할 시점이다.

하락 c파 : 거래량이 급증가하고 주가가 본격적으로 하락하는 구간이며 투매가 나오기도 한다.

엘리어트 파동 이론을 주식 투자 실전에 적용하는 것은 어렵다. 파동의 시작과 끝이 명확하지 않고 9.11테러 때와 같이 돌발변수에는 적용하기가 불가능하다. 파동 이론이 나온 시점과 현재는 투자환경이 너무 다르기 때문이다.

결론적으로 엘리어트 파동 이론은 상승 3파 진입 초기가 최적의 매수 시점이고 상승 5파가 최적의 매도 시점이며 하락 b파는 마지막 매도 기회임을 시사하며 매수와 매도 시점을 잡는 중요한 기준이 된다. 하지만 실전에 적용은 쉽지 않다.

5.
배당 · 배당락

주식 투자로 얻을 수 있는 수익은 시세 차익과 배당이다. 대부분 시세 차익을 얻기 위해 주식 투자를 하지만 배당수익도 작은 것이 아니다. 그렇지만 모든 기업이 배당을 주는 것이 아니라 건실하고 실적이 좋은 기업들만 준다. 배당은 기업이 1년 동안 운영해 얻은 수익금 중 일부를 주주들에게 돌려주는 것이다.

배당은 현금배당과 주식배당이 있으며 현금배당은 배당 후 배당락을 하지 않고, 주식배당은 배당 후 배당락을 한다. 이 규정은 실전 투자에서 중요한 내용이며 차이점을 정확히 알아야 한다.

예를 들어 주가가 10,000원인 A기업이 현금배당을 1주당 1,000원 하는 경우와 주식배당을 1주당 10%(=0.1주)의 비율로 하는 경우를 비교해 보자.

A기업 주식 10주를 가지고 있을 때 1주당 1,000원의 현금배당은 1,000원×10=10,000원 편의상 세금을 제외하고 생각하면 10,000원의 배당을 받을 수 있다.

그리고 1주당 10% (=0.1주)의 비율로 주식배당을 받는 10주 × 0.1 = 1주 10,000원인 주식 1주를 배당받으면 현금배당을 받는 것이나 주식배당을 받는 것이나 거의 차이가 나지 않는다.

그렇지만 배당 이후의 주가 움직임은 아주 큰 차이가 있다.

먼저 현금배당을 1주당 1,000원 한다면 현금배당은 배당 후 배당락을 하지 않으므로 기준 가격은 권리부 가격 10,000원에서 시작하여 가격 제한 폭인 상하 30% 범위 이내에서 움직이게 된다.

배당일 장세가 아주 좋으면 주가는 배당받고 13.000원(상한가)까지 상승할 수 있고, 반대로 장세가 나쁘면 주가는 배당은 받지만 7.000원(하한가)까지 하락할 수 있다.

이에 반해 주식배당은 배당 이후 배당락을 하므로 기준 가격은 $\frac{\text{배당부가격}}{1+1\text{주당배당비율}} = \frac{10{,}000\text{원}}{1+0.1} \fallingdotseq 9{,}100\text{원}$이 된다.

기준 가격 9,100원에 시작하여 가격 제한폭인 상하 30% 범위

이내에서 움직인다.

가격 제한폭은 9,100원 × 0.3 = 2.730원이다.

배당락 하는 날 장세가 아주 좋으면 10%의 주식배당을 받고 11,830원(상한가)까지 주가는 상승할 수 있고(상한가로 간 경우 9,100원 + 2.730원 = 11,830원) 반대의 경우 10%의 주식배당은 받으나 주가는 6.370원(하한가)까지 하락할 수도 있다.

살펴본 바와 같이 배당 후 배당락을 하는 것과 배당락을 하지 않는 것은 엄청난 차이가 있다.

현금배당은 배당 후 배당락을 하지 않으므로 배당락을 하는 주식배당보다 훨씬 유리하다.

배당은 기업의 결산일에 주주로 등재된 사람에게 준다.

우리나라 기업은 대부분 12월 말 결산일이고 3월, 6월, 9월 말 결산인 기업이 몇 있고 특이하게 8월 말 결산인 기업 ㈜풍강이 있다(2022년 11월 기준).

최근에는 일부 기업들이 중간배당, 분기 배당이라 하여 결산기 외 배당을 하는 경우가 있다.

그러면 배당금은 언제 자신의 계좌로 들어오는가?

배당금은 기업에서 미리 정해 두고, 12월 결산기업인 경우 보통 2~3월 열리는 주주총회에서 확정하고 그 후에 한 달 정도 지나 지급된다. 12월 결산기업은 보통 3~4월, 3월 결산기업은 6~7월에 들어오는 것이다.

배당금은 15.4%의 배당 소득세를 공제한 후 나머지 금액을 받는다. 단, 3년 이상 보유한 주식일 경우 배당 소득세가 면제된다. 장기투자자에게 베푸는 조그마한 혜택이다.

그러면 실제로 배당금을 받아 보기로 하자

3月

S	M	T	W	T	F	S
		1	2	3	4	5
6	7	8	9	10	11	12
13	14	15	16	17	18	19
20	21	22	23	24	25	26
27	28	29	30	31		

2022년 3월 말 결산기인 A기업에서 배당을 받아 보자.

배당을 받으려면 3월 31일 주주명부에 등재되어 있어야 한다. 그러려면 그날을 포함하여 주식 거래하는 날 기준으로 거꾸로 3일째 되는 날까지 주식을 매수하면 된다. 주식 거래는 3월 29일 매수하면 3월 31일 주주명부에 오르는 3일 결제 시스템을 취하기 때문이다.

3월 29일 주식을 매수하여 그다음 거래 일인 3월 30일 주식을 매도해도 배당을 받을 수 있다. 3월 30일에 주식을 매수하면 4월 1일이 되어야 주주명부에 등재되어 배당받을 수 없다.

여기서 3월 30일은 주식을 매수해도 배당을 받지 못해 '배당락'이라 하고 배당을 받을 수 있는 마지막 날 3월 29일을 '배당부'라고 한다.

6.

베이비스텝, 빅스텝, 자이언트스텝, 울트라스텝

미국 연방준비제도(Fed)는 경제 상황을 보아가며 기준금리를 결정한다. 일반적으로 기준금리를 내리면 시중의 통화량이 증가하고 풍부한 유동성으로 인해 물가는 전반적으로 상승한다. 이와 반대로 기준금리를 올리면 시중의 통화량이 감소하고 물가하락으로 이어진다.

베이비스텝(Baby step) 기준금리를 0.25% 포인트씩 내리거나 올리는 것으로 경제에 미치는 충격을 최소화하면서 소기의 목적을 달성하고자 하는 가장 통상적인 금리 조정방식이다.

빅스텝(Big step) 베이비스텝으로는 물가상승을 잡을 수 없다고 판단하여 기준금리를 0.5% 포인트 올리는 것이다. 경기 부양을 위해 기준금리를 한 번에 0.5% 포인트 내리는 것도 빅스텝이며 뒤에서 말하는 자이언트스텝과 울트라스텝에도 마찬가지로 적용된다.

자이언트스텝(Giant. step) 빅스텝으로 물가상승을 통제하기 힘들다고 판단될 때 기준금리를 한 번에 0.75% 포인트 올리는 것이다.

울트라스텝(Ultra step) 한 번에 기준금리를 1% 포인트 인상하는 것. 이것은 너무 급격한 금리 인상으로 경기침체를 불러올 가능성이 있어 1980년 이후에는 단행된 적이 없다.

러시아의 우크라이나 침공 등으로 글로벌 공급망이 붕괴하여 유가가 폭등하고 원자재가격이 급등하며 전 세계적으로 물가상승률이 급등하자 2022년 연방준비제도(Fed)는 물가하락을 적극적으로 이끌기 위해 빅스텝과 연속적인 자이언트스텝을 단행하고 있다.

〈참고〉

1979년 2차 오일쇼크 파동으로 물가가 폭등할 때 이를 잡기 위하여 폴 볼크 당시 연준의장이 기준금리를 11.5%에서 15.5%로 하루에 4% 포인트를 올린 적이 있다.
이로 인하여 주식과 부동산 가격이 폭락했는데 지금도 이것을 폴 볼크의 "토요일 밤의 학살"이라고 부른다.

7.

거래량

거래량은 주가 분석에 있어서 아주 중요한 부분이고 성공 투자하려면 거래량에 대한 올바른 이해가 필요하다.

거래량에 관하여 중요한 점을 하나씩 알아보기로 하자.

첫째, 바닥권에서 대량거래를 동반한 양봉 출현 시에는 매수하라는 신호이다.

주가는 '100일 바닥 3일 천장 시세'라는 투자 격언이 있다. 주가가 옆으로 횡보할 때 굳이 투자할 필요가 없고 뭔가 위로 올라갈 징후가 있을 때 매수하는 게 좋다는 뜻이 된다.

그러한 징후를 확실하게 보여주는 게 거래량이다. 즉, 바닥시세에서 옆으로 횡보하다 갑자기 평소보다 훨씬 많은 거래량이 터지

면서 양봉으로 끝나는 날 매수에 동참하라는 것이다.

이것은 매집세력이 매집을 끝내고 이제 주가를 끌어 올리려 한다고 해석할 수 있고, 지루한 횡보 바닥 국면에서 벗어나 이제 상승국면으로 진입한다는 공감대가 이 종목 투자자들 사이에서 형성되었다고 볼 수 있다.

이 가격대는 앞으로 하나의 지지선 역할을 할 수 있으므로 주식을 같이 매수하라는 말이다.

둘째, 상투권에서 대량거래를 동반한 음봉 출현 시에는 매도하라는 신호이다.

이것은 주가가 많이 올라서 팔 시점이 다가왔음을 느끼지만 언제 팔아야 할지 모르는 투자자들에게 확실한 해답을 주는 내용이다.

'달리는 말에 올라타라'라는 투자 격언처럼, 주가는 많이 올랐으나 주가가 앞으로 어느 만큼 더 오를지 모른다. 현재 시점이 어느 정도 올랐으나 전체적으로 볼 때는 오르는 부분의 서막일 수도 있고, 상승의 마무리 국면일 수도 있다. 너무 빨리 팔아서 속상해할 수 있고, 팔 시기를 놓쳐서 후회할 수도 있다. 해답은 거래량이 가르쳐준다. 즉, 오르던 주가가 평소 거래량보다 훨씬 많은 대량거래가 터지면서 음봉으로 끝나는 날 매도에 같이 동참하라는 것이다.

이것은 매집세력이 빠져나가는 징후라고 해석할 수 있고 주가가 이제 오를 만큼 올랐다는 공감대가 이 종목 투자자들 사이에 형성되었다고 볼 수도 있다. 이 가격대는 앞으로 하나의 저항선 역할을 할 수 있으므로 주식을 같이 매도하라는 말이다.

셋째, 투자하려는 종목의 하루 평균 거래량에 맞는 투자를 하자.

예를 들어 하루 평균 거래량이 3,000주 정도인 A기업에 투자하는 경우를 생각해 보자. 이런 경우에는 10주에서 100주 미만의 수량을 사고파는 것이 적당하다. 그런데 만일 1,000주 이상을 매수하고자 한다면 정상적인 가격보다 훨씬 더 높은 가격을 주더라도 1,000주 이상을 확보하기는 쉽지 않을 것이다. 거래량이 적은 종목들은 매수하는 것보다 매도하는 것이 더 어렵다. 사려는 매수세는 아주 적은데 많은 물량을 매도하려면 가격을 대폭 낮추어 팔아야 할 것이다. 어쩌면 하한가로 낮추어 팔려고 해도 일부는 못 파는 경우가 생길 수도 있다.

이와 같이 특별한 악재가 없는데도 거래량의 밸런스가 맞지 않을 때는 자신이 파는 물량으로 인해 주가가 급락하여 큰 손해를 볼 수 있으므로 투자하는 종목의 하루 평균 거래량에 맞는 적당한 수량의 투자를 해야 할 것이다.

넷째, 우선주는 보통주에 비교해 거래량이 훨씬 적다.

우선주는 보통주보다 발행 주식 수가 적고 인기가 없으니 당연히 거래량이 적을 수밖에 없다. 특히 일부 종목의 우선주는 거래 자체가 없을 때도 있다. 이런 종목들은 매수는 쉽지만 매도가 어려워 환금성에 특히 주의해야 한다.

주가가 옆으로
게걸음을할 때에는
굳이 투자 할 이유가 없다
뭔가 위로 올라갈 징후가
보일 때 매수하는게 맞다

다섯째, 시간외거래에서 매매가 가능할 것인지 확인해 두자.

정규장이 끝난 후 시간 외 거래에서도 매매는 이루어진다. 하지만 실제로 소수의 인기 있는 대형주만 거래가 되고 그 외 종목들은 거의 거래가 이루어지지 않고 있다.

그러므로 자기가 관심을 두고 있는 종목에 한해서는 시간 외 거래에서 거래가 가능한 것인지 불가능한지, 그리고 가능하다면 어느 정도 수량까지 거래가 되는지 확인해 두어야 한다.

예를 들어 정규시장에서 막판 급등세로 장이 끝날 때는 보통 시간외거래까지 강세 분위기가 이어진다.

이때는 종가보다 시간 외 거래에서의 가격이 더 높을 가능성이 있어 당일 종가에서 매도하는 것보다 시간외거래에서 매도하는 것이 더 유리하다는 것이다.

이처럼 데이 트레이더, 특히 초단기 투자자들은 정규시장뿐 아니라 시간외거래를 잘 활용하면 높은 수익을 올릴 수 있을 것이다.

8. 펀드

펀드(Fund)란 한마디로 전문가에게 투자를 의뢰하는 간접투자 방식이다. 개인투자가의 경우 기관투자가나 외국인 투자자에 비하여 정보력이나 분석 능력이 떨어지고 투자 경험도 적어 자금을 운용하기 쉽지 않다. 이러한 이유로 전문가에게 수수료를 주고 대신 투자를 의뢰하는 것이다.

펀드의 장단점을 알아보자.

장점은

첫째. 펀드 투자는 투자전문가에 의해 관리 운용되므로 개인이 투자하는 경우보다. 통상적으로 수익률이 높다. 단 모두 그런 것은 아니고 그와 반대되는 경우도 있음을 유의해야 한다.

둘째, 펀드 투자는 다수투자자의 자금을 모아 운용함으로 분산 투자 등 운용하기가 쉽다.

단점은

첫째, 자신의 자산을 대신 운용해 주는 대가로 운용 수수료를 내야 한다. 운용 수수료는 펀드에 따라 다양하지만 매년 운용자산의 연 0.5~2% 정도이다. 하지만 문제는 적자가 나더라도 수수료는 내야 한다는 점이다.

둘째, 펀드는 보통 증권사나 은행을 통해 판매되는데 이때 판매금액의 0.5~1.5%를 지불해야 한다.

셋째, 펀드는 정해진 계약 이전에 투자 자금을 회수할 경우 환매수수료를 내야 하는 경우가 많다. 그러므로 펀드 가입 시에는 최소한 환매수수료의 여부와 조건 등을 반드시 확인해야 한다.

넷째, 펀드 투자에도 가격변동의 위험이 존재한다.

투자전문가에게 의뢰함으로 무조건 안전하다고 착각하기 쉽다. 하지만 펀드가 투자한 주식, 채권, 부동산 등 가격하락의 위험이 있고 오히려 신속하고 적극적인 대처는 더 어렵다고 할 수 있다.

결론적으로 펀드 투자를 할 때에는 장단점을 확실히 이해하고 난 후 신중하게 펀드 가입을 결정해야 한다.

9. ETF

ETF(Exchange Traded Fund)는 인덱스 펀드를 거래소에 상장시켜 투자자들이 주식처럼 편리하게 거래할 수 있도록 만든 상품이다.

투자자들이 개별 주식을 고르는데 수고하지 않아도 되는 펀드 투자의 장점과 언제든지 시장에서 원하는 가격에 매매할 수 있는 주식 투자의 장점을 모두 가지고 있는 상품으로 인덱스 펀드와 주식을 합쳐 놓은 것이라고 보면 된다.

인덱스 펀드란 일반 주식형 펀드와 달리 특정 주가지수의 움직임에 따라 수익률이 결정되는 펀드를 말한다. 즉 ETF는 펀드와 전혀 다른 것이 아니라 펀드의 한 종류라 할 수 있다.

기본적으로는 펀드이지만 거래소에 상장되어 거래할 수 있도록 만든 상품이다.

ETF의 장단점을 간단히 살펴보자.

먼저 장점으로는

첫째, 일반적인 펀드와 비교해 운용보수가 저렴하고, 둘째, 소액 투자로 분산투자가 가능하며, 셋째, 일반 펀드에 비교하여 현금화가 쉬우며, 넷째, 실시간 거래가 가능하다.

단점으로는

첫째, 초과 수익의 어려움이 있다. ETF는 상장지수를 따라가는 상품이기에 그 이상으로 초과 수익을 올리기 어려운 것이다.

둘째, 상장 폐지의 위험성도 있다. 주식처럼 기업의 주식이 사라지는 것이 아니라, 매매 수량이 너무 없을 때 ETF 상품 자체가 폐지될 수 있다. 하지만 ETF는 상장 폐지가 되더라도 주식과는 달리 남은 순자산 가치대로 환급을 받을 수 있으므로 번거로울 수 있어도 크게 걱정할 필요는 없다.

결론적으로 ETF는 일반적인 펀드에 비하여 비용적인 측면 외에 여러 가지 장점이 많으므로 투자하기 유리한 상품이라 하겠다.

10.
데이 트레이딩(Day Trading)

데이 트레이딩이란 하루 중 주가의 변동성을 이용하여 당일에 매수와 매도를 하는 짧은 매매기법을 말한다.

데이 트레이딩의 장점은 오늘 장이 끝나고 다음 장이 열릴 때까지 발생할 수 있는 악재를 피할 수 있게 해 준다. 물론 호재가 나올 수 있겠지만 호재가 나올 확률보다 악재가 나올 확률이 더 높아 데이 트레이딩은 보유에 따른 부담을 덜 수 있다.

또 데이 트레이딩은 많은 투자금액이 필요하지 않다. 투자금액이 많으면 민첩성이 떨어져 오히려 불리하기 때문이다.

이 기법은 주식 시장이 상승국면일 때보다 횡보하는 장이나 대세가 꺾인 약세장에서 유용한 기법이다.

다음 그래프에서 보는 바와 같이 상승국면에서 A보다 B, 그리고 B보다 C처럼 장기 보유할수록 주가가 상승할 가능성이 있어 장기 투자하는 게 원칙이다.

〈상승국면〉

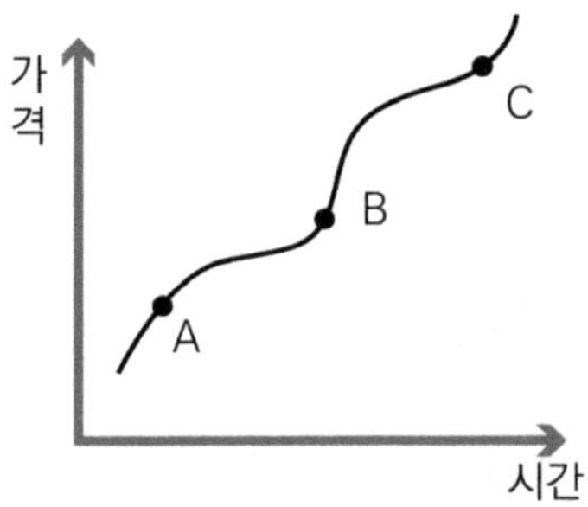

〈하락국면〉

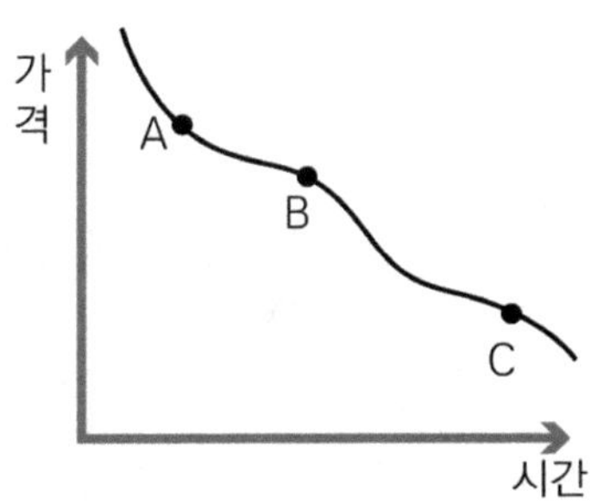

하락국면에서는 A보다 B, 그리고 B보다 C처럼 장기보유 할수록 주가가 하락할 가능성이 있으므로 단기 투자하는 게 원칙이기 때문이다.

데이 트레이딩은 장이 열림과 동시에 급락하는 장에서 효과적이다.

약세장이라도 하루 중 하락만 계속하지 않을 것이므로 반등 시점을 잘 잡으면 좋은 성과를 올릴 수 있다.

데이 트레이딩은 매매 형태에 따라 다음과 같이 3종류로 분류한다.

주식 시장의 상황에 맞게 단기 투자와 장기 투자를 적절하게 병행하는 것이 성공투자의 중요한 요소

① 스캘퍼 : 하루 동안 매매 횟수가 수십 회가 되는 투자자

② 데이 트레이더: 하루 동안 매매 횟수가 1~10회 정도의 투자자

③ 스윙 트레이더 : 한번 매수하여 1일에서 일주일 정도 보유하는 투자자

여기서 한 가지 중요한 점이 있다.

데이 트레이더라도 무조건 단기 매매만 해서 좋은 성과를 내기 어렵다는 점이다. 상승장에서는 장기투자를 원칙으로 하지만 일부 금액으로 데이 트레이딩하는 것이 좋고, 약세장에서는 단기 매매를 원칙으로 하고 종목에 따라 일부 장기투자도 해야 한다.

전반적인 주식 시장의 상황에 맞게 단기 투자와 장기투자를 적절하게 병행하는 게 성공 투자의 길이 될 것이다.

11. 공매도

공매도의 사전적 의미는 없는 것을 파는 것이다. 주식 시장에서 공매도란 투자자가 주식을 보유하지 않은 상태에서 주가 하락을 예상하고 금융기관으로부터 주식을 빌려 먼저 매도한 후 주가가 하락하면 시장에서 주식을 매입하여 다시 갚은 후 차익을 얻는 투자를 말한다.

일반적인 주식 투자는 매입한 후 주가가 상승하면 수익을 얻고 주가가 하락하면 손실을 본다. 하지만 공매도는 그와 반대되는 구조이다.

예를 들어보자.

투자자 K씨가 현대차 주식을 빌려 주당 20만 원에 팔고 얼마

후 현대차의 주가가 18만 원으로 하락하였다면 18만 원에 주식을 매입하여 다시 갚으면 1주당 2만 원의 수익을 얻게 된다.

그런데 이 경우 K씨의 예상과 달리 현대차 주식이 21만 원으로 상승하였다면 K씨는 주당 1만 원의 손실을 보게 된다(편의상 수수료와 세금을 제외).

공매도의 기능을 살펴보자.

공매도는 주식 시장이 비정상적으로 과열될 때 주식 시장의 과열과 주가 거품을 막아주고 주가의 적정가격 유지함에 도움을 주는 순기능이 있지만, 주식 시장이 취약할 때는 하락의 속도를 더욱 빠르게 만들어 주식 시장을 더욱 침체시키는 역기능이 있다.

실제 주식 시장 현장에서 개인 투자자의 공매도 투자는 까다로운 조건 때문에 증권사로부터 주식을 빌리기 사실상 쉽지 않고 빌린다 해도 대여 기간, 담보기준, 등 제약이 많다. 하지만 외국인이나 기관투자가들은 개인 투자가들보다 훨씬 쉽게 주식을 빌릴 수 있다.

이외에도 현재의 공매도 제도는 여러 가지 문제점들이 많다. 특히 현재 우리나라에서 주식을 빌린 다음 매도를 하는 차입 공매도만 가능하고 무차입 공매도는 불법으로 규정되어 있다. 하지만 현실은 우리 주식 시장에서 여전히 불법 공매도가 기성을 부리고 있다. 처벌 규정이 외국과 비교해 너무나 약하기 때문이다.

공정한 거래와 건전한 투자를 위해서 공매도는 반드시 합리적인 방향으로 손질을 해야 할 것이다.

12.

호가 단위 변경

호가란 주식시장에서 매매하고자 하는 유가 증권의 종목, 가격, 수량 등을 제시하여 상대자를 구하는 것이다.

호가 가격 단위란, 가격대별로 호가 할 수 있는 최소 가격변동 단위를 말하며 거래소는 거래를 표준화하고 매매체결을 원활하게 하기 위하여 적정 호가 가격 단위를 설정하고 있다.

2023년 1월 25일부터 유가 증권, 코스닥, 코넥스 시장 호가 가격 단위가 13년 만에 개편 시행 되었기에 개편된 내용과 영향 등을 살펴보자.

〈개편 이전〉

가격대	단위	
	유가증권	코스닥·코넥스
~ 1천원 미만	1원	1원
1천원 ~ 5천원 미만	5원	5원
5천원 ~ 1만원 미만	10원	10원
1만원 ~ 5만원 미만	50원	50원
5만원 ~ 10만원 미만	100원	100원
10만원 ~ 50만원 미만	500원	100원
50만원 ~	1000원	100원

〈개편 안〉

가격대	단위(시장공통)
~ 2천원 미만	1원
2천원 ~ 5천원 미만	5원
5천원 ~ 2만원 미만	10원
2만원 ~ 5만원 미만	50원
5만원 ~ 20만원 미만	100원
20만원 ~ 50만원 미만	500원
50만원 ~	1000원

개편 안의 주요 내용은

첫째, 전체적인 시장 호가 변경은 아니지만 일부 가격대 호가 가격 단위 변경을 단행했다.

코스닥과 코넥스 시장은 위의 도표에서 보는 바와 같이 20만원 이상 가격대에서만 변화를 주었고, 유가 증권 시장에서는 많은 변화를 주었다. 1천원 이상~2천원 미만, 1만원 이상~2만원 미만,

10만원 이상~20만원 미만은 호가 단위가 축소되어 촘촘해졌다.

둘째, 유가 증권 시장과 코스닥·코넥스 시장 간의 호가 가격 단위를 동일하게 변경하였다.

시장별로 차이가 났던 10만원 이상 고가주의 호가 가격 단위를 동일하게 한 것이다.

셋째, 주식 선물의 호가 가격 단위도 주식 시장과 동일하게 축소했다.

새로 시작하는 호가 가격 단위 개편에 따른 영향을 살펴보면,

긍정적인 측면으로는 첫째, 호가 가격 단위가 세분화되면서 투자자들이 원하는 가격에 거래할 수 있게 되었다.

둘째, 호가 가격 단위가 축소되면서 기존보다 적은 비용으로 거래할 수 있게 되었다.

부정적인 측면으로는 첫째, 호가 가격 단위가 세분화되면 주가 상승 시 매물대가 더 촘촘해져 주가 상승이 더딜 것으로 우려된다.

중장기 투자에는 별 영향이 없겠으나 단기 투자자 특히 스켈퍼에게 불리한 여건으로 바뀐 것은 분명하다.

둘째, 공매도 시스템에 유리하게 조성되어 약세장에서는 공매도

가 더 활성화될 것으로 보인다.

공매도에는 업틱룰(Up-tick rule)이란 규정이 있는데, 주식을 공매도할 때 공매도에 따른 직접적인 가격 하락 방지를 위하여 직전 가격 이하로 공매도 호가 제출을 금지하는 제도이다. 즉, 매도할 때 현재 주가 보다 한 단계 이상 높은 매도 호가를 내야 하는 규정이다.

예를 들어 변경 전에는 현재 주가가 10,000원 일 때 공매도를 하는 입장에서 10,050원 이상에서 매도를 할 수 있다. 하지만 개편된 제도에서는 10,010원에 매도할 수 있으므로, 업틱룰이란 취지가 많이 무색하게 되어 그로 인해 공매도 세력에게 유리한 환경이 되고 공매도가 더 활성화 될 수 있다는 것이다.

결론적으로 13년만에 변경된 호가 단위 개편으로 가격 발견기능, 미미하지만 거래 비용 감소, 단기 투자 감소 등 주식시장에 긍정적인 측면도 기대되지만 큰손인 외국인과 기관의 시장 지배력 강화 등 부작용도 우려 된다.

13.
기세 제도

네이버 용어 사전에서 '기세'를 찾아보면 '실제 거래는 없으면서 값만 형성되는 일, 매도 호가의 경우에는 전일의 시세에 비하여 가장 낮은 호가가 기세가 되며, 매수호가의 경우 전일의 시세에 비하여 가장 높은 호가가 기세가 된다'고 정의하고 있다.

한국 거래소에서는 정규시장 종료시까지 매매 거래가 성립되지 아니한 종목의 경우 당일 기준가격 대비 낮은 (높은) 매도(매수) 호가가 있는 경우 가장 낮은 (높은) 매도(매수) 호가의 가격을 그 날의 종가로 인정하는 제도라고 설명하고 있다.

즉 기세는 익일의 기준가격으로 적용 된다.

쉽게 설명하면

전일 가격이 12,000원인 A주식을 누군가는 12,000원에 매수 주문을 넣고 누구는 12,300원에, 또 누구는 12,500원에 매수 주문을 넣었다고 하자.

이때 만약 A주식을 보유하고 있는 주주들이 아무도 이 주식을 매도하지 않아 거래가 성립되지 않았다고 할 때 비록 거래량이 0이라 하더라도 이 주식은 최고 가격으로 매수 주문을 넣은 12,500원의 가치는 있다고 보는 게 합리적일 것이다.

이 경우 A주식은 기세로 500원 상승하여 종가는 12,500원이 되며 표시는 거래량에 0으로 기재하고 그 앞에 ×를 붙이는 게 일반적이다.

그리고 전일 가격이 15,000원인 B 주식을 보유한 사람 중 누군가는 14,900원에 매도 주문을 넣고 또 누구는 14,800원에 누구는 14,300원에 매도 주문을 넣었을 때 누구도 이 B 주식을 매수하려고 하지 않아 거래가 성립되지 않았다고 할 때 비록 거래량이 0이라 하더라도 이 주식은 가장 낮은 가격으로 매도 주문을 넣은 14,300원 가치로 보는 것이 합리적일 것이다.

이 경우 B 주식은 기세로 700원 하락하여 종가는 14,300원이 되며 표시는 거래량에 0으로 기재하고 그 앞에 ×를 붙이는 것이다.

가격 제한 폭이 있는 우리 시장에서는 시장의 흐름을 반영하는 기세 제도가 필요하다.

예를 들어 특정 종목에 중요정보가 발생하는 경우 일방의 호가만 제출되어 매매 거래가 체결되지 않을 수 있다.

이때 유입된 일방의 호가를 인정하지 않으면 변동되지 않은 가격 제한 폭이 익일에도 적용되어 중요정보가 계속해서 주가에 반영되지 못하고 시장에서 원활한 매매 거래가 이루어질 수 없기 때문이다.

예외 규정으로 보통주와 가격 괴리가 두 배 이상인 우선주의 경우에는 매도 호가에 의한 기세는 인정되지만 매수 호가에 의한 기세는 인정하지 않는다.

거래량이 적은 우선주의 인위적인 이상 급등을 방지하기 위한 것으로 합리적인 규정으로 보인다.

14.
신문이나 방송 보고 쉽게 투자하지 마라

신문이나 방송에서 나오는 기업의 평가 보고서나 차후 주가 전망을 살펴보면 대부분 긍정적으로 평가를 한다. 부정적으로 평가하는 경우는 아주 드물다.

그 이유는 분명하다. 기업을 부정적으로 평가를 하면 그 기업이나 주주들로부터 많은 비난과 질타를 받을 수 있기 때문이다.

이런 연유로 신문이나 방송에서 평가되는 기업들은 보통 실제 가치보다 과대 포장되는 경우가 많고 주가 전망도 상향되는 경우가 많다. 실제로 애널리스트들이 내놓는 보고서를 봐도 매도보다 매수가 월등히 많다.

하지만 개인 투자자들 특히 경험이 적은 투자자들은 그 현황을 정확히 파악하지 못하고 그냥 그들의 말과 보고서를 그대로 쉽게 받아들인다.

이것은 거의 실패하는 투자의 지름길이 된다. 틀려도 그들은 절대로 책임을 지지 않는다.

그러므로 신문이나 방송에서 하는 평가나 주가 전망은 그냥 참고로만 하고 너무 신뢰해서는 안 된다.

투자는 오로지 본인의 판단과 책임하에 신중하게 해야 할 것이다.

15.
주문 체결의 원칙

주문 체결의 원칙은 첫째 가격 우선의 원칙, 둘째 시간 우선의 원칙, 셋째 수량 우선의 원칙의 순서대로 체결된다.

가격 우선의 원칙은 주식을 사고자 할 때는 가장 높은 가격 주문 순서대로 체결시켜 주며, 주식을 팔고자 할 때는 가장 낮은 가격의 주문 순서대로 체결시켜 주는 것이다.

가격 우선의 원칙이 적용되고 다음은 시간 우선의 원칙이 적용된다.

이것은 주식을 매수와 매도를 할 때 같은 가격이면 접수 시간이 빠른 주문 순서대로 체결시켜 주는 것이다.

그다음으로 가격과 시간이 같은 경우에는 많은 수량의 주문부터 먼저 체결을 시켜주는 수량 우선의 원칙이 적용된다.

이상의 원칙을 예를 들어 살펴보자.

A주식에 다음과 같은 호가창이 있다고 가정할 때,

갑이 A주식 10주를 10,250원으로 매수 주문을 넣으면 주문 순서에 상관없이 즉시 A주식 10주를 매수할 수 있다. 가장 높은 가격으로 매수 주문을 넣었기 때문이다. 이것이 가격 우선의 원칙이다.

매도 잔량	가격	매수 잔량
100주	10.400원	
90주	10.350원	
70주	10.300원	
50주	10.250원	
	10.200원	70주
	10.150원	50주
	10,100원	50주

을이 A주식 10주를 10,200원으로 매수 주문을 넣으면, 을은 매수 잔량으로 있던 70주가 순서대로 체결되고 그다음에 을의 매수 주문 10주가 체결되는 것이다. 이것이 시간 우선의 원칙이다.

동시호가 시간을 제외한 일반 정규시간에 들어온 주문은 가격 우선의 원칙과 시간 우선의 원칙의 적용으로 모든 매매주문을 체결시킬 수 있다.

그렇지만 오전 9시 정규시장이 개장하기 전과 오후 3시 30분 정규시장이 끝나기 전 동시호가 시간에서는 '동시호가'라는 이름 그대로 이 시간에 들어온 주문은 모두 같은 시간에 주문한 것으로 간주하므로 시간 우선의 원칙은 적용될 여지가 없고, 가격 우선의 원칙과 수량 우선의 원칙만 적용되는 것이다.

마지막으로 수량 우선의 원칙은 '많은 수량의 주문이 적은 수량의 주문보다 우선한다'는 내용이다.

16.
동시 호가의 원칙

동시 호가의 원칙이란 매매주문에 있어서 실제로 어느 것이 먼저 접수되고 또 어느 것이 나중에 접수되었는지 순서가 분명히 있지만, 특정 시간에 접수된 주문은 예외적으로 모두 동시에 접수되었다고 인정하는 원칙이다.

동시 호가의 원칙이 적용되는 경우는 오전 8시 30분부터 오전 9시까지 주식 시장이 개장될 때와 오후 3시 20분부터 오후 3시 30분까지 정규시장이 끝날 때 그리고 매매가 일시 정지 또는 중단되었다가 다시 열릴 때이다.

주문 체결의 원칙

첫째, 가격 우선의 원칙으로 매수의 경우에는 가장 높은 가격의 매수 주문 순서대로 체결시키고, 매도의 경우에는 가장 낮은 가격의 매도 주문 순서대로 체결시켜 주는 것이다.

둘째, 시간 우선의 원칙으로 같은 가격이면 빠른 주문 순서대로 체결시켜 준다.

셋째, 수량 우선의 원칙으로 가격과 시간이 같다면 많은 수량부터 우선 체결시켜 준다.

동시 호가는 일반적인 주문 체결의 원칙과는 약간의 차이점이 있다. 일반적인 주문 체결 원칙의 예외로 동시 호가 때는 '동시 호가'라는 이름 그대로 동시 호가 시간에 접수된 주문은 모두 같은 시간에 접수된 것으로 간주 되어 시간 우선의 원칙은 적용될 여지가 없고 가격 우선의 원칙과 수량 우선의 원칙만 적용된다.

이때는 주문을 낸 매도 호가와 매수 호가 중 모두 만족할 수 있는 하나의 가격으로 매매를 일괄 체결시켜 준다.

예를 들어 A 주식의 경우를 살펴보자.

오전 8시 30분에서 오전 9시까지 동시 호가 시간에 접수된 A 주식에 대한 주문이 다음의 도표와 같다면 오전 9시에 처음 형성되는 동시 호가 가격은 얼마일까.

먼저 가격 우선의 원칙에 따라 매도 가격 중 가장 낮은 가격인

10,000원으로 팔려는 70주와 매수가격 중 가장 높은 가격인 10,400원으로 매수하려는 20주, 10,300원에 매수하려는 20주, 10,200원에 매수하려는 20주, 10,100원에 매수하려는 10주는 매도 호가와 매수 호가가 서로 만족할 수 있는 가격이므로 체결이 된다.

그다음으로 낮은 매도 가격인 10,050원 10주와 매수 주문 중 가장 높은 가격 10,050원 10주도 서로 만족할 수 있는 가격이므로 체결된다.

매도 잔량	가격	매수 잔량
100주	10.500원	
	10.450원	
	10.400원	20주
	10.350원	
100주	10.300원	20주
10주	10.250원	
50주	10.200원	20주
20주	10.150원	
80주	10.100원	10주
10주	10.050원	10주
70주	10.000원	100주

그렇지만 매도호가 10,100원 이상의 주문과 매수 호가 10,000원은 서로 만족할 수 없는 가격이므로 동시 호가 시간에서는 계약이 체결될 수 없다.

그리하여 매수는 높은 가격 순서대로, 매도는 낮은 가격 순서대로 하여 서로 만족할 수 있는 가격이면 체결되고, 가장 마지막으로 체결되는 가격인 10,050원이 동시 호가 가격이 되는 것이다.

다시 말하여 10,000원의 매도 주문 70주와 10,050원에 낸 매도 주문 10주 모두가 같은 가격인 10,050원에 매도 체결이 된다.

매수 주문 중 10,400원 20주, 10,300원 20주, 10,200원 20주, 10,100원 10주, 10,050원 10주 모두 같은 가격인 10,050원에 매수 체결된다.

이와 같이 동시 호가 시간에는 자기가 원하는 가격으로 체결되기도 하지만 매도 주문한 가격보다 더 높은 가격에 매도되거나 매수 주문한 가격보다 더 낮은 가격에 매수가 되기도 한다.

그러므로 동시 호가 시간대를 이용하여 매매하면 많은 물량을 처리하기 쉽고 또 가격에서도 좋은 조건으로 매도와 매수를 할 수 있으므로 이 시간대를 활용하면 좋을 것이다.

17.

주식에도 원칙과 정석이 있다.

바둑에서 서로 간 최선을 다한 좋은 수를 '정석'이라 한다.

정석을 많이 알고 이해하고 그것을 잘 활용할 때 바둑 고수가 되는 것이다.

주식 투자도 이와 마찬가지이다. 각각의 상황에서 지켜야 할 최선의 원칙을 바둑에서의 정석이라고 할 수 있으며, 이것을 소신 있게 지켜나갈 때 성공 투자를 이끌 수 있기 때문이다.

예를 들어 아무리 주식 시장이 활황세를 보여도 투자 자금 전부를 주식으로 보유하지 않고 더 요긴한 상황에 대비하여 반드시 일정 부분 현금으로 가지고 있는 것이 원칙이고 정석이 되는 것이다.

주식시장이 활황세를 보여도 반드시 일정부분 현금을 가지고 있어야 한다
매수주문은 하기전에 반드시 공지사항을 살핀다
급등할 때에는 추격매수를 하지 않는다
정 석

전체적인 시장 흐름이 상승국면일 경우는 중장기 투자를 위주로 하며, 하락국면일 경우는 좀 더 나은 기회를 잡기 위해 당분간 쉬거나 아니면 단기 투자로 대응하는 것이 기준이 되는 중요한 원칙이고 정석이 될 수 있다.

매수 주문 넣기 전에는 최종적으로 매수하려는 기업의 특별한 공시 내용은 없는지, 신용 평가 기관이나 증권회사 등에서 내놓은 새로운 평가 보고서는 없는지 확인하는 것도 하나의 원칙이 될 수 있다.

평소 잘 아는 기업이라 공시 사항 등을 확인하지 않고 그냥 매수 주문을 넣고 난 후 그 기업의 주가가 급락하여 나중에 확인한 결과 그 기업에 대한 나쁜 평가 보고서가 이미 나와 있었다는 경험이 있는 투자자가 의외로 많기 때문이다. 약간의 방심으로 큰 손실을 본 것이다.

그러므로 매수 주문을 내기 전에 최종적으로 공시 사항 등을 확인하는 것도 사소한 일이지만 반드시 지켜야 할 아주 중요한 원칙이라고 할 수 있다.

이 밖에도 지켜야 할 원칙들이 많이 있다.

급등할 때는 추격 매수하지 않고 오히려 보유 물량을 줄여나간다든지, 종합주가 지수가 급락하여 끝날 때는 정규시장이 끝나고 나서 이어지는 시간 외 거래에서 그날의 종가보다 낮은 가격으로 매수하는 것을 고려해 보는 것도 좋은 투자 전략이 될 수 있다.

폭락 장 다음에는 보통 일시적인 반등이 오는 경우가 많으므로 아주 짧은 단기 매매는 충분히 가능하기 때문이다.

그리고 이러한 원칙들을 알고서 실천을 하지 않으면 아무런 의미가 없다.

주가가 급등하면 더 올라갈 것 같아 따라가서 추격매수 하기 쉽고, 주가가 급락하면 끝없이 빠질 것만 같아서 매수하는 것을 망설이게 되어 좋은 투자 기회를 놓치기 쉽기 때문이다.

그러므로 모든 투자 원칙들을 충분히 알고 또 이해하고 난 후 그 원칙들을 소신 있고 결단력 있게 지켜 나아갈 때 성공 투자를 할 수 있는 것이다.

18.
상장 폐지

상장 폐지란 증권시장에 상장된 증권이 매매 거래 대상으로서 적정성이 모자라게 되었을 때 거래소에서 일정한 기준에 따라 상장 자격을 박탈하는 것을 말한다.

상장 폐지는 주식투자자들에게 가장 최악의 상황을 만들어 준다. 상장 폐지가 되면 코스피 시장이나 코스닥 시장에서 정상적인 거래를 할 수 없게 되며 상장 폐지된 주식의 가치는 거의 휴지 조각이 된다.

일반적으로 상장 폐지가 결정되면 7일간 정리 매매 기간을 준다. 이 기간에는 가격 제한 폭이 없이 주가가 움직이며 주가의 급락이 생기는 것이다.

주식투자로 버는 것도
중요하지만 잃지 않고
지키는 것은 더
중요하다
주식투자

여기서 상장 폐지 기준 중에서 중요한 몇 가지를 살펴보자.

* 사업 보고서 또는 반기보고서 미제출.
* 감사보고서상 부적정, 의견거절,
* 부도 발생 또는 은행거래정지
* 법률에 따른 해산 사유 발생
* 소액주주 등의 주식분산 요건을 충족시키지 못하였을 때
* 상장 실질 심사에서 부적격 판정을 받을 때

등이다.

주식 투자를 하면 수익도 낼 수 있고 또 누구나 손실을 볼 수 있다. 하지만 상장 폐지를 당해서는 절대로 안 된다. 단번에 치명상을 입고 재기불능의 상태로 빠질 수 있기 때문이다.

그러므로 투자 대상 종목을 선정할 때는 재무제표 분석 등을 확실히 하여 유보율이 높고 부채비율이 낮은 기업 중에서 실적이 좋은, 우량한 기업에만 투자해야 한다.

이상의 경우와는 다르게 자진 상장 폐지하는 경우도 있다. 보통은 기업이 상장되어 있어도 대주주가 얻을 수 있는 이익이 별로 없거나 기업의 특별한 사정 등으로 상장 폐지되는 경우가 간혹 발생한다. 하지만 이 경우에는 일반 투자자들의 피해는 없고 오히려 호재가 되는 경우가 많다.

대주주들이 현재 주가보다 높은 가격에 공개 매수를 해 주기 때문이다.

II.

투자 종목 선정

19.
기본적 분석 · 기술적 분석

주식 투자를 하려면 먼저 투자할 종목을 정해야 한다. 투자할 종목을 정할 때는 먼저 기본적 분석을 통하여 몇몇 종목을 고른 후에 그 종목 중 다시 기술적 분석을 통하여 매매 시점을 잡는 것이 바람직한 방법이다.

기본적 분석이란 기업의 재무제표 등을 분석하여 기업의 본질적인 내재가치를 파악하는 것이다.

이때 분석하는 내용으로는 보통 PER(주가 수익 비율), PBR(주가 순자산비율), ROE(자기자본이익률), EPS(주당순이익), 부채비율, 유보율, 배당금 지급 성향 등이 있다.

투자할 만한 좋은
기업인지 보통정도의
기업인지
위험부담이 있는
기업인지...
기
업

기본적 분석은 여러 가지 지표들을 분석하여 기업이 가지고 있는 본질적인 가치를 파악하여 현재 주식 시장에서 본질적인 가치보다 낮게 거래되고 있는, 즉 저평가된 종목을 찾아내어 투자하려는 것이다.

그렇지만 개인이 실제로 기업의 본질적인 가치를 측정하는 것은 거의 불가능하므로 실전 투자에서는 충분히 투자할만한 좋은 기업인지, 투자하기에 보통 정도의 기업인지, 투자하기에는 위험 부담이 큰 기업인지 등을 알아보는 기본절차로 활용되고 있다.

이에 반하여 기술적 분석은 과거의 주가 흐름과 거래량을 분석하여 앞으로의 주가를 예측하는 것으로서 적절한 매매 시점을 찾기 위해 행하는 것이다. 이때 분석하는 내용으로는 보통 이동 평균선, 거래량, VR(볼륨레이쇼), ADR(주가 등락 비율), 투자 심리선, 이격도 등이 있다.

기술적 분석이란 과거의 주가의 흐름과 거래량을 기초하여 여기에 다른 여러 가지 지표들을 함께 분석하여 현재 시점이 바닥권인지 천정권인지 등을 파악하여 최적의 매수 시점과 최적의 매도 시점을 찾아내기 위한 분석이다.

성공 투자를 하려면 먼저 종목 선정을 잘해야 하고 그다음 매수 시점을 잘 잡아야 하고 또 매도 시점을 잘 잡아야 한다.

그렇게 하기 위해서는 기본적 분석과 기술적 분석을 반드시 병행하여 최선의 길을 찾아야 하겠다.

20. 주가 수익 비율(PER) / 주가 순자산 비율(PBR)

주가 수익 비율(PER : Price Earning Ratio)은 주가를 주당순이익으로 나눈 수치로, 주가가 순이익 대비 얼마나 높은지 또는 낮은지를 나타내는 지표이다.

예를 들어, A기업의 주가가 5만 원이고 1주당 수익이 1만 원이면 A기업의 주가 수익 비율(PER)은 $\frac{5만원}{1만원}$=5가 된다.
B기업의 주가가 5만 원이고 1주당 수익이 1천 원이면 B기업의 주가 수익 비율(PER)은 $\frac{50,000원}{1,000원}$=50이 된다.

이 경우 다른 조건은 배제하고 PER만으로 단순 비교해 볼 때 A기업이 B기업보다 저평가되었고, B기업은 A기업에 비해 고평가되었다고 할 수 있다.

PER이 낮을수록 기업이 내는 이익에 비해 주가가 저평가되었고, PER이 높을수록 기업이 내는 이익에 비교해 주가가 고 평가되었다고 보면 된다.

그리고 PER 비교 분석은 동일 업종 간에 의미가 있는 것이지 타업종 간에는 의미가 없는 것임을 알아야 한다. 왜냐면 PER는 업종에 따라 상당한 차이가 있기 때문이다.

PER에 관한 수치들은 인터넷으로 해당 기업을 찾아보면 그날 현재의 업종 전체 PER과 해당 기업의 PER을 쉽게 확인할 수 있으므로 투자할 때 적극적으로 활용해야 한다.

결론적으로 PER는 일반적으로 낮을수록 저 평가되어 있어 투자하기 좋은 기업이라 볼 수 있겠지만 PER이 낮다고 해서 무조건 저평가된 것은 아니다.

주가는 부채비율이나 유보율과 같은 안정성 지표나 주주들의 구성 상태, 노사분규, 미래 성장성 등 여러 요인이 함께 작용하여 형성되므로 실전에서 PER만을 기준으로 삼아 주식에 투자하는 것은 위험하다.

PER이 낮아도 부채비율이 높은 부실기업보다 PER이 조금 높아도 부채비율이 낮은 우량한 대기업이 투자하기 더 좋은 조건이다.

다시 말하면 PER는 수익성으로 주가를 평가하는 중요한 기준이 되지만 안전성 등이 포함되어 있지 않아 투자에 절대적 지표는 아니다.

주가 순자산비율(PBR : Price Book Ratio)은 주가를 주당 순자산으로 나눈 수치로, 주가가 순자산에 비교하여 얼마나 높은지 낮은지를 나타내는 지표이다.

예를 들어 A기업의 주가가 5만 원이고 1주당 순자산이 5만 원이면 A기업의 주가 순자산 비율(PBR)은 $\frac{5\text{만원}}{5\text{만원}}=1$이 된다.

B기업의 주가가 5만 원이고 1주당 순자산이 10만 원이면 B기업의 주가 순자산 비율(PBR)은 $\frac{5\text{만원}}{10\text{만원}}=0.5$가 된다.

C기업의 주가가 5만 원이고 1주당 순자산이 1만 원이면 C기업의 주가 순자산 비율(PBR)은 $\frac{5\text{만원}}{1\text{만원}}=5$가 된다.

다른 조건은 배제하고 PBR만으로 단순 비교해 볼 때

B기업은 A기업보다 훨씬 저평가되어 있고, C기업은 A기업보다 고평가되어 있다고 할 수 있다.

그러므로 PBR이 낮을수록 기업의 순 자산가치보다 주가가 저평가되었고, PBR이 높을수록 기업의 순 자산가치에 비해 주가가 고평가되었다고 보면 된다.

여기서 순자산은 기업의 총자산에서 총부채를 뺀 금액으로 기업이 청산 절차에 들어갈 때 주주들이 가져갈 수 있는 몫이 되는 것이다.

그리하여 PBR이 1이면 주가와 기업의 1주당 순자산이 같다는 것이며, PBR이 1보다 낮으면 주가는 청산가치보다 낮다는 것이다.

즉, PBR이 1보다 낮으면 기업이 청산 절차에 들어가더라도 자산가치가 많아서 이론상으로는 자기가 투자한 원금은 가져갈 수 있다는 뜻이다.

이런 점으로 볼 때 PBR이 낮은 기업들은 장기투자 하기 좋은 조건이 된다.

PBR는 PER과 더불어 주가의 상대적 가치를 판단하는 중요한 지표가 된다.

PER는 기업의 수익성으로 주가를 평가하고 PBR는 기업의 재무상태로 주가를 평가하며 둘 다 수치가 낮을수록 저 평가된 기업이라 할 수 있다.

21.
자기 자본 이익률(ROE) / 유보율

자기 자본 이익률(ROE)은 당기 순이익을 자기 자본으로 나누어 백분율로 표시한 것으로 기본적 분석의 중요한 잣대가 된다.

예를 들어, 자기 자본이 1억 원인 기업이 1천만 원의 당기 순이익을 올렸다면 자기 자본 이익률은 $\frac{1\text{천만}}{1\text{억}} \times 100(\%) = 10\%$ 가 되고

자기 자본이 1억 원인 B 기업이 100만 원의 당기 순이익을 올렸다면 자기 자본 이익률은 $\frac{100\text{만}}{1\text{억}} \times 100(\%) = 1\%$가 되는 것이다.

그리고 자기 자본이 1억 원인 C 기업이 1천만 원의 당기 순손실을 보였다면 자기 자본 이익률은 $\frac{-1\text{천만원}}{1\text{억}} \times 100(\%) = -10\%$가 된다.

자기 자본 이익률은 높을수록 수익성이 높은 기업이라 할 수 있으며, 동일 업종 내에서 비교 분석해 우량한 기업을 발굴하는 중요한 지표로 쓰인다.

여기서 보는 것과 같이 적자를 내는 기업은 자기자본이익률이 마이너스가 되는 것이다.

그리고 자기 자본 이익률은 은행의 정기예금금리보다 더 높아야 투자할 가치가 있는 기업이라 할 수 있으며 그보다 낮으면 투자할 가치가 낮다.

유보율은 기본적 분석의 중요한 지표 중 하나이며, 잉여금(자본 잉여금과 이익 잉여금을 합한 금액)을 납입 자본금으로 나눈 비율이다.

이것은 그동안 기업활동으로 거둔 수익금 중 어느 정도를 기업 내부에 쌓아두고 있는지 나타내는 지표이다.

$$\text{유보율} = \frac{\text{잉여금}}{\text{납입자본금}} \times 100(\%)$$

단, 잉여금 = 자본 잉여금+이익 잉여금

유보율은 부채비율과 함께 기업의 안정성을 측정하는 유용한 지표로 쓰인다. 부채비율은 낮을수록 그리고 유보율은 높을수록 안정성이 높은 기업이다.

22.
주가 등락 비율(ADR) / 볼륨레이쇼(VR)

경제 신문을 보면 현재 주식 시장의 상황을 일목요연하게 분석할 수 있는 여러 가지 지표들을 볼 수 있다.

이와 같은 기술적 분석을 위한 지표로는 이격도, 거래량, VR(볼륨레이쇼), 투자 심리선, ADR(주가 등락 비율) 등이 있다.

ADR(주가 등락 비율)는 기술적 분석을 위한 지표의 하나로 시장의 분위기와 추세 강도를 파악하는 데 활용된다.

ADR는 20일 동안 주가가 상승한 종목 수의 합을 하락한 종목 수의 합으로 나누어 백분율로 표시한다.

$$\text{ADR(주가 등락 비율)} = \frac{\text{20일 동안 상승한 종목 수의 합}}{\text{20일 동안 하락한 종목 수의 합}} \times 100(\%)$$

여기서 수치가 높을수록 주가가 상승한 종목의 비율이 높다는 뜻이다.

구체적으로 ADR 100%는 상승 종목 수의 합과 하락 종목 수의 합이 같고 ADR 100%가 넘으면 상승 종목 수의 합이 하락 종목 수의 합보다 많다는 뜻이다,

ADR 100% 미만은 상승 종목 수의 합이 하락 종목 수의 합보다 적다는 뜻이다.

그러면 ADR는 어떻게 활용하는가.

ADR는 종합 주가 지수보다 선행하는 경향이 있으므로 ADR이 바닥권에서 상승하는 추세로 돌아서면 앞으로 주가도 상승할 것으로 예상하여 매수를 고려하는 것이다. 일반적으로 ADR이 70% 이하면 바닥권으로 본다.

ADR이 과열권에서 하락하는 추세로 돌아서면 앞으로 주가도 하락할 것으로 예상해 매도를 고려하는 것이다. 일반적으로 ADR이 120% 이상이면 과열권으로 본다.

실전에서 ADR는 바닥권을 찾는 데 특히 유용한 지표로 활용되고 있다.

볼륨레이쇼(VR)는 거래량 비율을 분석하는 것으로 현재 시점이 과열권인지 바닥권인지 분석하는 지표로 쓰인다.

볼륨레이쇼는 1개월 동안 주가 상승일 거래량 합계를 주가 하락일의 거래량 합계로 나눈다. 이때 보합인 날의 거래량 중 반은 상승 일에 반은 하락 일에 더한다.

$$\text{볼륨레이쇼} = \frac{\text{주가하락일의 거래량 합계}+\text{보합인날의거래량 합계}\times 0.5}{\text{주가하락일의 거래량 합계}+\text{보합인날의거래량 합계}\times 0.5} \times 100(\%)$$

볼륨레이쇼 100%란 주가 상승 일의 거래량과 하락 일의 거래량이 같고, 볼륨레이쇼 110%는 주가 상승 일의 거래량이 하락일 거래량보다 10% 많다는 의미다.

일반적으로 주가가 상승하는 날 거래량은 주가가 하락하는 날 거래량보다 많다. 따라서 볼륨레이쇼 150% 정도를 보통 수준으로 보며, 볼륨레이쇼 450%를 초과하면 주가의 과열 상태로 보고 매도 시점으로 잡는다.

볼륨레이쇼 70% 이하면 주가의 바닥권으로 보고 매수 시점으로 받아들인다.

이같이 볼륨레이쇼는 이격도, 투자 심리선 등과 같이 주가가 바닥권과 과열권을 판단하는 지표로 쓰인다.

볼륨레이쇼는 주가의 단기 바닥권 찾는 데 특히 유용한 지표이다.

23. 이격도

주가가 이동 평균선으로부터 떨어진 정도를 이격도라 하며, 이것을 백분율로 표시한 것이 이격률이다.

예를 들어 A기업의 20일 이동 평균선이 10,000원에 있을 때 A기업의 주가가 9,000원이면 A기업의 20일 이동 평균선과의 이격률은 90%이고, A기업의 주가가 11,000원이면 A기업의 20일 이동 평균선과의 이격률은 110%가 되는 것이다.

이격도는 주가가 이동 평균선에서 멀어지면 다시 이동 평균선으로 돌아간다는 회귀 성질을 이용하여 현재 시점이 매수 시점인지 매도 시점인지 판단하는 지표로 쓰인다.

위의 예에서 20일 이동 평균선과의 이격률이 90%인 9,000원에 있을 때 주가는 곧 20일 이동 평균선이 있는 10,000원으로 상승할 거로 예상하여 매수 시점을 잡는다.

이격률이 110%인 11,000원에 있을 때 주가는 20일 이동 평균선이 있는 10,000원으로 하락할 것으로 예상하여 매도 시점을 잡는다.

이격도는 이동 평균선에서 과도하게 벗어나 하락하면 이때를 매수 시점으로 잡는다. 마찬가지로 이동 평균선에서 과도하게 벗어나 상승하면 이때를 매도 시점으로 잡는다.

여기서 과도한 의 범위는 전체 장이 상승국면인가 하락국면인가에 따라 또 20일 이동 평균선과의 이격률이냐 120일 이동 평균선과의 이격률이냐 등에 따라 차이가 나므로 일률적으로 말할 수 없다. 하지만 보통 10~20% 정도를 기준으로 삼는다.

한 가지 주의할 점이 있다.

이격도는 매수·매도 시점을 판단하는 여러 기준 중 하나에 불과하므로 이 지표만을 기준으로 삼아 매수했다가는 큰 낭패를 볼 수 있다.

관리 종목으로 넘어가거나 상장 폐지되는 종목들도 이격도 지표상으로는 매수 시점이 되는 경우가 많기 때문이다.

혹시라도 이런 실수를 범하지 않으려면 철저한 기본적 분석을 거쳐 우량한 기업에만 투자해야 한다.

24.
투자 심리선

투자 심리선은 주식 시장이 열린 최근 10일 가운데 주가가 오른 날의 수를 백분율로 표시한 것이다.

예를 들어 10일 가운데 7일 올랐으면 투자 심리선은 70% 되고, 5일 올랐으면 투자 심리선은 50%고, 3일 올랐으면 투자 심리선은 30%가 된다.

그러면 투자 심리선은 어떤 용도로 쓰이는가. 투자 심리선은 주식 시장이 현재 과열권과 침체권을 판단하는 지표로 쓰인다. 투자 심리선이 70% 이상은 단기 과열권으로 보고 매도시점으로 잡는다. 투자 심리선 70%보다 80%, 90%, 100%로 갈수록 더 강한 매도 시점이 된다.

투자심리선이
70%80%가
되면 매도를
생각해야 한다
반대로
투자 심리선이
30%이하로
내려가면 매수를
고려해야 한다
70%
30%
투
자

투자 심리선 30% 이하면 단기 침체권으로 보고 매수 시점으로 잡는다. 여기에서도 투자 심리선 30%보다 투자 심리선 20% 10% 0%로 갈수록 더 강한 매수 시점이 되는 것이다.

여기서 주의할 점이 있다. 즉 투자 심리선은 매수, 매도 시점을 잡는 여러 지표 중 하나에 불과하므로 투자 심리선 지표 하나로 매수매도를 결정해서는 안 된다는 것이다.

아이러니하게 관리 종목으로 넘어가거나 상장 폐지 되는 종목도 투자 심리선 지표로는 매수 시점이 되는 경우가 많아 이들과 잘 구분하여 그런 종목을 매수하지 않도록 특히 조심해야 한다.

매수와 매도 시점을 잡을 때는 먼저 전체 장의 흐름을 파악하고 난 뒤 투자 심리선을 포함한 다른 기술적 지표들을 종합적으로 분석하고 검토한 후 매수와 매도 여부를 결정해야 한다.

2.160
5.340
0.450
2.600
27,000 5.690 4.900 0.000
1,225 5.350 584,494 0.450 0.000
0 0.000 0.410 92,464 2.600 0.000
2.440 2.750 56,512 1.600
30,393 1.830
5,000 1.600 2.310 128,544
2.300 874,820

III. 매수

25.
급등 시 추격매수는 금지

주가가 급등하여 주식 시세판이 빨강 색으로 물들면 분위기에 휩쓸려 충동적으로 주식을 매수하기 쉽다.

특히 주식 초보자들은 더욱더 그렇게 하기 쉽다. 급등하는 날 주식을 매수하는 것은 '무릎에서 사서 어깨에서 팔라'는 투자 원칙과 정반대가 되어, 즉 천정권에서 주식을 사게 되어 실패하는 지름길로 가게 된다.

특히 주식 시장이 열림과 동시에 급등할 때 아주 고가로 추격매수하는 것은 너무나도 위험하고 무모한 짓이다. 장이 끝날 때까지 많은 시간이 남아 있어서 종가 무렵 주가가 어떻게 변할지 모르고 어쩌면 크게 내릴 수도 있기 때문이다.

그러므로 이렇게 급등할 때는 오히려 자신이 보유하고 있는 주식 중 일부를 팔고 저가에 다시 매수할 수 있도록 기다리는 것이 좋다. 그리고 평상시 아무런 이유 없이 혼자 급등하는 종목이 있다. 이런 종목을 추격매수 하는 것도 안 된다.

아무런 정보도 없이 일확천금을 꿈꾸며 무턱대고 따라 매수하다가는 큰 낭패를 보기 쉽기 때문이다. 특히 검증되지 않은 종목을 욕심내어 추격매수 하는 것은 단번에 결정타를 맞을 수도 있다.

주식은 버는 것도 중요하지만 잃지 않고 지키는 것이 더욱 중요하다. 그렇게 하려면 욕심을 버리고 원칙과 정석 투자를 해야 한다.

그 중요한 원칙 중의 하나가 급등하는 날은 관망하며 지켜보고 급등하는 종목은 추격 매수하지 않는 것이다.

아무런 이유없이 주가가
급등할 때에 추격매수
하는 것은 위험한 일이다
주식
투자
자금

26.
성공 확률 반이면 관망하자

수익이 보장되는 은행 예금과 달리 주식 투자는 수익을 올릴 수 있겠지만 손실이 날 수도 있다. 수수료와 세금이 있어 매수한 가격과 같은 가격으로 매도하면 마이너스다.

그러므로 성공 확률이 50%면 투자하지 않는 것이 바람직하고, 확실한 기회가 올 때 투자를 해야 한다.

확실한 기회란 중·장기투자인 경우에는 정규 뉴스 시간마다 주가가 폭락했다는 소식이 타이틀 뉴스로 떠오를 때를 말한다.

50%
성공확률이 50%
정도라고 생각되면
투자하지 말고 확실한
기회를 기다린다

다시 말하여 주가 폭락 소식이 정규 뉴스 시간에 주요 이슈가 될 때는 '무릎에서 사서 어깨에서 판다'고 할 때의 무릎 가까운 시점이 되었기 때문이다. 또 단기 투자인 경우는 외부적인 요인으로 인해 주식 시장이 개장 즉시 급락했다 반등하는 시점을 뜻한다.

아울러 종목별 주가의 움직임을 살펴보면 보통 다음 그림과 같이 일정한 흐름이 있음을 알 수 있다. 일정한 움직임을 '추세'라 하며 상승국면에서는 점점 위쪽으로, 하락국면에서는 점점 아래쪽으로, 박스권 국면에서 일정한 틀 안에서 움직인다는 것을 알 수 있다.

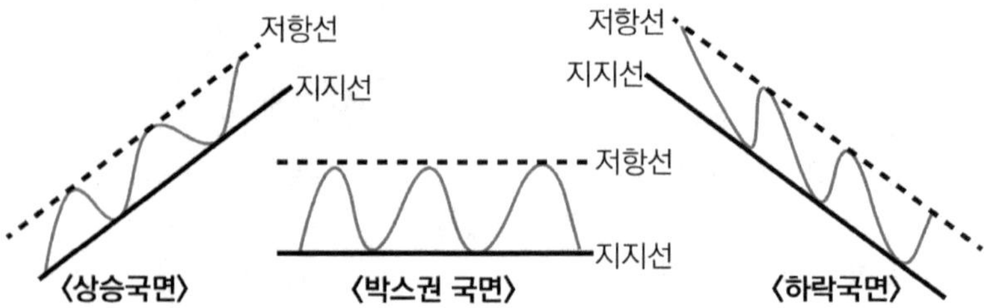

여기서 주가의 바닥을 연결한 선을 '지지선'이라 하며 윗부분을 연결한 선을 '저항선'이라 한다. 주가가 지지선까지 내려왔을 때는 확률적으로 수익을 낼 가능성이 있어 매수 적기가 된다. 확실한 투자 시점이 되는 것이다.

그러므로 주식 투자는 성공 확률이 50% 정도라 생각되면 투자하지 말고 보다 확실한 기회가 왔을 때 하는 것이 현명할 것이다.

2.930
27,000
2.180
4.500
0.000
2.160
1,225
5.350
5.690
0.450
0.000
584,494
0.410
5.340
0
0.000
2.600
92,484
2.750
0.000
0.450
30,393
2.440
58,512
1.600
2.600
5,000
1.600
1.830
128,544
2.310
874,820
0.000

IV.

매도

27.
매도 시점 잡기

매도 시점을 정할 때 보통 다음의 세 가지 기준이 있다.

첫째, 목표가에 도달할 때, 둘째, 지지선 이탈할 때, 셋째, 대량 거래를 동반한 음봉 출현할 때.

첫째 목표가에 도달할 때 매도한다.

주식은 매수할 때부터 매도 목표가와 손절매 가격을 정해둬야 확실한 대응을 할 수 있다. 즉 매수한 후 주가가 오르면 미리 정해 둔 가격에 매도함으로써 적정한 수익을 확보할 수 있고, 예상과 달리 주가가 내리면 역시 미리 정해 둔 가격에 매도함으로 더 큰 손실을 피할 수 있다.

이러한 기준(매도 목표가와 손절매 가격)이 없으면 즉흥적으로 매도 결정을 할 수밖에 없으므로 좋은 시점에 매도하기가 어려울 것이다.

그러므로 주식은 매수 주문을 넣을 때부터 어느 정도 수익이 나면 팔겠다는 매도 목표가와 반대로 주가가 내리면 어느 선까지 손해를 보고 팔겠다는 손절매 가격을 정해 놓고 대응해야 한다.

여기서 주가가 매도 목표가에 도달할 때 매도하는 것이다.

둘째, 지지선 이탈할 때 매도 한다.

다음에서 주가는 횡보 국면이나 상승국면 또는 하락국면에서도 일정한 틀 안에서 움직이는 경우가 많다. 저항선과 지지선 내에서 움직이던 주가가 추세를 이탈하여 지지선을 뚫고 내려갈 때는 일단 매도하는 게 원칙이다.

앞으로 주가가 어디까지 더 내릴지 모르기 때문이다.

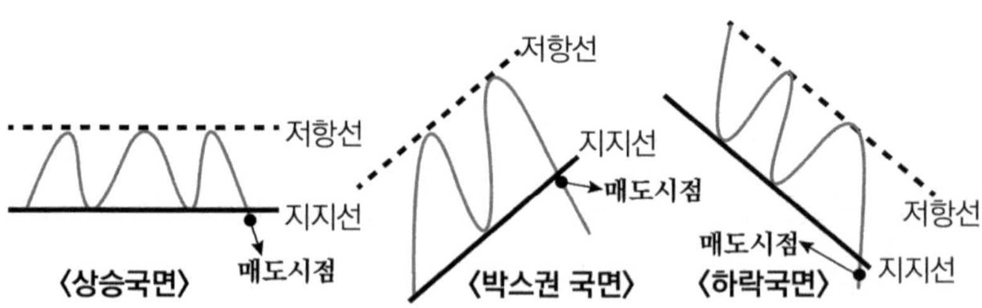

셋째, 대량거래를 동반한 음봉 출현할 때 매도한다.

일반적으로 주가가 하락하는 날은 상승하는 날과 비교해 거래량이 적다. 그런데 평소 거래량보다 많은 대량거래를 동반하며 음봉을 보일 때는 매도하려는 큰 세력이 있다고 봐야 한다. 이런 경우는 차후에 이 가격대가 하나의 큰 저항선으로 작용하는 경우가 많으므로 일단 매도하는 것이 좋다.

28.
손절매 원칙

손절매 원칙이란 자기가 매수한 가격에서 일정한 비율 이상으로 떨어지면 장래에 더 큰 손실을 볼 수 있음에 대비하여 즉시 매도하는 것이다. 성공 투자를 하려면 나름대로 원칙과 소신이 필요하다.

손절매 원칙은 그 가운데서도 가장 중요한 원칙 중의 하나이다. 주식 투자는 수익을 올릴 수 있지만, 손실도 볼 수 있다. 하지만 손실을 볼 때는 작게 그리고 자기가 감당할 수 있는 범위 내에서 마무리를 짓는 것이 중요하다. 손절매 원칙이 이것을 해결해 준다.

손절매는
성공투자를 위한 가장
중요한 원칙이다

우리는 운전 할 때 보험에 들고 장래를 대비하여 암 보험도 든다. 이때 내는 보험료를 아깝다고 생각하는 사람은 별로 없을 것이다. 손절매도 마찬가지이다. 손절매할 때 약간의 손실은 보험료라고 생각하면 될 것이다.

주변을 돌아볼 때 주식 투자를 잘못하여 끝없는 나락으로, 감당할 수 없는 손해를 본 사람은 대부분이 이 원칙을 몰랐거나 알고도 지키지 못한 사람들이다. 이 원칙을 지켰으면 결정적인 손실은 보지 않았을 테니 말이다.

주식 시장은 오늘도 열리고 내일도 열리고 앞으로도 계속 열릴 것이다. 작은 손실은 언젠가 회복할 수 있다. 하지만 결정타를 맞고서 감당할 수 없는 손실을 보면 더 이상 주식 시장에서 살아남기 어려울 것이다. 그렇지 않으려면 보험에 들어야 한다. 주식 시장에서의 보험이 바로 손절매이다.

손절매의 기준은 개인 성향과 장·단기 투자에 따라 차이가 있어 획일적으로 정할 수는 없다. 하지만 보통 단기투자자들은 2~5%의 손실이 나면, 그리고 중·장기 투자자들은 10% 정도 손실이 나면 손절매한다.

손절매의 원칙은 주식 시장에서 살아남기 위해서는 꼭 지켜야 할 원칙이다. 하지만, 이 원칙을 지키지 못하는 사람들이 의외로 많다. 그런 분들은 이렇게 하면 손절매하기가 쉬울 것이다.

주식을 매수할 때부터 미리 매도 목표가와 손절매 가격을 정해 놓고 그 가격에 오면 기계적으로 행하면 된다. 일단 매수를 한 이후에는 자기가 매수한 가격은 잊고서 목표가와 손절매 가격이 오면 그냥 매도하면 된다. 이렇게 하면 분명히 효과를 볼 것이다.

손절매는 필자가 주식 투자에서 가장 중요하게 생각하는 부분이며 주식 시장에서 살아남기 위해서는 반드시 실천해야 할 원칙이다.

V. 명심해야 할 투자 격언

29.
주식 투자 격언의 가치

주식 투자 격언은 오랫동안 수많은 투자자들이 공통적으로 경험한 시세의 변동원리나 핵심 투자 기법 등을 정리한 것이다.

이것은 지난 몇 세대 동안 먼저 살다 간 주식투자가들의 눈물과 땀, 실패 경험과 성공 경험 등으로 이루어 낸 진정으로 가치 있는 결정물이다.

그러므로 투자자들은 그 내용을 정확히 그리고 완벽하게 이해하고 실전 투자에 적용해야 한다. 특히 투자경력이 짧은 투자자들에게 주식 투자 격언은 간접투자 경험 역할을 충분히 해 줄 것이다.

필자 또한 실전 투자에서 주식 투자 격언을 유용하게 적용하고 있다. 이것은 많이 알면 알수록 그리고 실전에 적극적으로 활용하면 할수록 성공 투자 확률은 더욱 높아질 것이다.

30.
목숨이 걸린 돈에는 손대지 마라

주식 투자를 할 때 집을 담보로 대출하거나 고율의 사채 나 사용기한이 정해져 있는 자금으로 무리한 투자를 해서는 좋은 성과를 거두기 어렵다.

이런 경우 계좌에 현금으로 보유하고 있으면 대출 이자만큼 손해를 보고 있다는 부담감과 사용기한 전에 빨리 이익을 내겠다는 욕심으로 인해 서두르게 되어 아직 매수 시점이 아닌데 급하게 주식을 매수하여 곤경에 처하는 경우가 많기 때문이다.

주식 투자는 여유자금으로 해야 한다. 예를 들어 정기 예금이나 정기 적금도 아닌 보통 예금에 현금이 있으면 그런 돈으로 적극적

으로 주식 투자를 하는 것이 좋다.

목숨이 걸린 돈으로 일확천금을 노려 무리한 투자를 하게 되면 오히려 큰 손실이 날 수 있지만 욕심부리지 않고 정기 예금보다 약간 높은 정도의 수익을 목표로 투자를 하면 충분히 승산이 있는 것이 주식이기 때문이다.

그러므로 주식 투자는 목숨이 걸린 돈으로 해서는 절대 안 되며 여유자금으로 해야 한다. 주식은 도박이 아니고 투자이기 때문이다.

31.
덤비는 물고기는 낚시에 걸린다

주식 시장 주변에는 수많은 루머와 정보들이 넘쳐 난다. 성공 투자를 위해서는 이런 정보들을 무조건 받아들여서 안 된다.

철저하게 분석하여 정확하고 신중하게 받아들여야 한다. 즉흥적이거나 단순한 감으로는 안 된다.

최근에는 신문이나 방송에서 투자 유망 종목이니 저평가 종목이니 하면서 전문가의 추천 종목을 내보내고 있다. 매수하면 금방이라도 큰 수익이 날것처럼 권하기도 한다.

실제로 그중에는 좋은 성과를 낼 수 있는 종목도 있으나 그와 반대로 손실을 보게 만드는 종목도 많다. 그들은 절대로 책임을

지지 않는다.

2021년에 코스피가 4,000 갈 것이라고 예견한 전문가를 코스피 2,500 내외인 요즘에도 모 경제방송에서 그를 볼 수 있음이 이를 증명하고 있다.

그들의 말을 믿고 성급히 매수한 투자자들은 곤경에 빠질 수밖에 없을 것이다.

물도 급하게 마시면 체한다.

주식 투자는 자신이 직접 기본적 분석을 통하여 투자할 종목을 선정하고 기술적 분석을 통하여 최적의 시점에 매수하여 합리적으로 정한 목표가격이 오면 욕심부리지 않고 매도하는 것이 성공 투자의 기본원리다.

그런 절차 없이 덤비는 물고기는 낚시에 걸려 어려움에 처한다. 후회하지 않고 성공 투자하기 위해서는 즉흥적이거나 성급한 투자가 아닌 신중하고 합리적인 투자를 해야 한다.

32.
신고가는 따라 붙어라

신고가를 경신하게 되면 너무 많이 오른 것 같아서 부담을 느낄 수 있다. 하지만 신고가 종목은 본전을 기다리는 매물이 없어서 주가 상승을 하는 데 걸림돌이 적다.

경험상으로 보면 주가가 엄청나게 오른 종목들은 신고가를 거듭 경신해 왔으니 신고가의 경신은 어쩌면 본격적인 상승의 초입이 될 수도 있을 것이다.

그러므로 신고가를 경신하면 그냥 매도할 것이 아니라 오히려 매수를 고려해 봐야 할 것이다.

단, 신고가를 경신했다고 무조건 매수를 해서는 안 된다.

기업의 기본가치를 분석하고 수급도 확인하고 상승의 원인이나 배경도 파악하고 난 후에 냉정하게 결정해야 할 것이다.

결론적으로 신고가를 따라가면 수익이 날 확률이 높으니 관심을 가져야 한다.

33. 매수보다 매도가 더 중요하다

지나간 주가의 흐름을 분석하는 것은 어렵지 않다. 과거는 변하지 않고 고정되어 있기 때문이다. 하지만 앞으로의 주가 흐름은 그렇지 않다. 미래는 확정되어있는 것이 아니고 변화의 여지가 많아서 단지 예측만 가능하기 때문이다.

주식을 사는 것은 지나간 주가의 흐름만 잘 분석하면 나름대로 최선책을 찾을 수 있다.

하지만 주식을 파는 것은 거기에 더해 미래의 주가 흐름까지 예측해야 하므로 사는 것보다 힘들다고 할 수 있다.

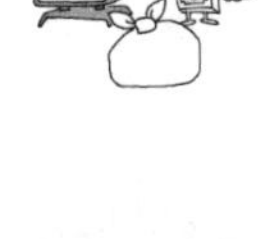

팔아야 할지 말아야 할지
갈등이 생길때 반쫌파는
분할 매도를 한다

그러면 여기서 주식을 팔 때 부딪히는 문제점들을 생각해 보자.

수익이 난 경우는 너무 빨리 팔아서 정작 큰 시세 차익을 놓치는 경우가 있고, 한편으로 천정에서 팔겠다는 지나친 욕심에 매도 기회를 놓치는 경우가 많다.

이처럼 팔아야 할지 말아야 할지 갈등이 생길 때 필자는 반쯤 파는 분할 매도를 권한다. 왜냐면 우리 인간의 한계로 미래를 정확히 예측하는 것은 불가능해 반쯤 팔아서 안전하게 하라는 것이다.

이같이 수익이 난 경우에는 행복한 고민이지만 손실이 난 경우에는 정말 어렵다. 투자자들은 대부분 자신이 매수한 가격을 기준으로 삼아서 매매를 결정하기 때문에 주가가 급락하는 게 눈에 보여도 매도하지 않고 버티다가 결국에는 감당할 수 없는 손실을 보고 괴로워하게 된다.

주식의 매도 시점을 잡을 때 자신의 본전을 기준으로 해서는 안 된다. 그것은 너무나 근거가 없고 비합리적이기 때문이다.

오직 앞으로 주가가 오를지 내릴지의 전망에 따라서만 결정되어야 한다.

결론적으로 말해서 주식은 매수보다 매도하는 것이 매매를 마무리 짓는 결정이므로 더 중요하다. 분할 매도와 함께 합리적으로 매도 시점을 잡아야 한다.

34.
생선의 꼬리와 머리는 고양이에게 주어라.

'생선의 꼬리와 머리는 고양이에게 주어라'는 격언은 '무릎에 사서 어깨에 팔아라'라는 격언과 같은 내용이다.

물론 주식은 바닥에 매수하여 천정에 매도하면 최상의 시나리오가 된다. 하지만 그건 신의 영역이고 사람이 그렇게 하는 것은 불가능할 것이다.

어디가 바닥이고 어디가 천정인지 시간이 지난 후 알 수 있지, 그 당시에는 절대 알 수 없기 때문이다.

그러므로 주가의 흐름을 사람의 인체에 빗대어 무릎에서 매수하여 어깨에서 매도하면 그건 아주 성공적인 투자라고 할 것이다. 왜냐면 이런 식으로 계속 투자하면 절대 손해 보는 일 없이 항상 수익을 낼 수밖에 없을 테니 말이다.

그렇지만 이같이 무릎에 사서 어깨에 팔기는 쉽지 않을 것이다. 무릎에서는 더 내릴 것 같아 불안해 매수가 어렵고, 어깨는 더 오를 것 같은 욕심에 팔기 어렵기 때문이다. 여기서 그러한 점을 극복할 방안으로 이같이 제시한다.

그림에서 보는 바와 같이 일반적으로 주가는 바닥에서 쌍 바닥을 보이며 바닥을 벗어나고 천정에는 쌍봉을 보인 후 하락한다. 그러므로 2번째 바닥을 확인 후 상승할 때를 매수 시점으로 잡으면 되고, 2번째 천정을 확인한 후 하락할 때 매도 시점으로 잡으면 된다.

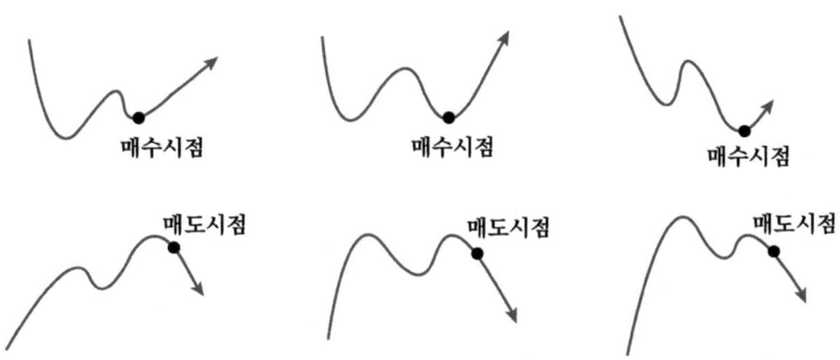

〈상승국면〉 〈박스권 국면〉 〈하락국면〉

그리고 한 가지 덧붙이면 다음의 그림에서 보는 바와 같이 전체시장이 상승국면에 있을 때는 저점이나 고점이 한 단계 상승한다는 점이며, 하락국면에 있을 때는 저점이나 고점이 한 단계 하락한다는 점도 매수 시점과 매도 시점을 잡을 때 간과해서 안 될 것이다.

물론 박스권 국면이면 지난 저점을 기준으로 하여 매수를 하고 지난 고점을 기준으로 하여 매도 시점을 잡으면 무난할 것이다.

이상으로 '무릎에서 매수하여 어깨에 매도하라' 격언을 살펴보았다.

참고로 바닥에 매수해 천정에 매도하겠다. 즉 생선의 꼬리와 머리까지 다 차지하겠다는 것은 거래한 상대방은 전혀 배려하지 않는 너무 잔인한 욕심이다.

'하늘은 스스로 돕는 자를 돕는다.' 하니 생선의 꼬리와 머리는 고양이에게 주는 것이 좋을 것이다.

35. 움직이지 않던 주식이 오르면 크게 오른다

움직이지 않던 주식이 크게 오르는 이유는 매집세력이 오랫동안 꾸준히 물량을 확보해 왔다고 볼 수 있기 때문이다.

이 경우 매집세력은 절대 작은 수익을 목표로 잡지 않을 것이다.

그러므로 평소에 움직이지 않던 주식이 움직일 때는 조금 수익이 났다고 해서 성급히 매도해서는 안 된다.

일단 매도하고 나면 이미 상승한 주식은 매도한 가격으로 다시 매수하기 어렵고 설사 그 가격으로 다시 매수하더라도 수수료와 세금은 손해가 난 것이다.

움직이지 않던 주식이 상승을 보일 때 매도 시점에는 반드시 거래량을 확인해야 한다. 매집세력이 빠져나간다고 볼 수 있는 큰 거래량이 동반된 음봉이 나올 때까지 매도해서는 안 된다.

매도 시점을 잡을 때는 중장기 이동 평균선 및 거래량을 잘 확인하여 중장기적인 대응을 해야 한다.

그렇게 함으로써 수익을 극대화할 수 있다.

결론적으로 움직이지 않던 주식이 움직이면 크게 움직이므로 성급한 매도를 해서는 안 된다.

36. 쉬는 것도 투자다

일정한 이자 수익을 보장해 주는 은행 예금과는 다르게 주식 투자는 위험이 따른다. 수익을 올릴 수 있고 손실도 볼 수 있기 때문이다.

게다가 매매 시에는 증권회사에 내는 매매 수수료와 국가에 내는 세금이 있어 보합 즉 매수한 가격과 같은 가격에 매도할 때는 손실을 보게 되어있다.

그런 만큼 주식 투자로 성공하기란 쉽지 않다.

우리나라에 주식 거래가 도입된 이후를 돌아보면 주식 투자로 수익을 낸 사람들보다 손실을 본 사람들이 훨씬 많음이 이를 증명해 준다.

때를 기다리는
것도 전략이다
다음에 좋은 주식이
나올 때 싸게 살
기회가 있다
쿨쿨
투자

이같이 쉽지 않은 주식 시장에서 성공하기 위해서는 나름대로 원칙과 소신이 있어야 하고 또한 장세를 객관적으로 보고 합리적으로 판단할 수 있어야 한다.

실제로 러시아가 우크라이나 국경에 대규모 병력을 집중시키던 2021년 10월부터 휴전이나 종전 소식이 들릴 때까지는 주식 투자를 쉬면서 장세 추이를 살피는 것이 좋았을 것이다.

성공 투자의 최선의 길은 실적이 좋고 저 평가된 종목을 매수해 장기적으로 보유하는 것이다. 하지만 주식 시장이 하락국면으로 접어들어 음봉이 나고 급락 장세를 보이면 아무리 좋은 주식이라도 버티지 못하고 결국에는 동반 하락하기 마련이다.

이런 상황에는 단기 매매에 의한 시세 차익은 올릴 수 있을지 모르겠지만 장기투자를 해서는 절대로 수익 내기가 어렵다.

오히려 장기투자는 하면 할수록 손실만 눈덩이처럼 키울 가능성이 크다.

그러므로 이때는 쉬면서 때를 기다리는 것이 좋다. 후일에 좋은 주식을 더욱 싸게 살 기회를 가질 수 있으므로 쉬는 것도 좋은 전략이 될 수 있다. 2보 전진을 위한 1보 후퇴라 생각하면 된다.

하락국면이나 불확실한 장세에는 쉬는 것도 투자임을 절대 잊지 말자.

37.
촛불은 꺼지기 직전 가장 밝다

주가가 계속 오르고 거래량이 폭발적으로 증가할 때는 매도 시점이 다가왔다는 신호이다.

지나친 욕심을 버리고 적절한 매도 시점을 잡아라 는 내용으로 최고 낙관적인 분위기일 때가 가장 좋은 매도 시점이라는 의미이다.

같은 맥락으로 '동트기 전이 가장 어둡다'라는 투자 격언이 있다.

위의 내용과 상반되는 내용으로 주가가 계속 내리고 거래량이 급격히 줄어들 때 즉 거래량이 바닥을 보일 때 매수 시점이 다가왔다는 신호이다.

모두가 위기의식을 느끼고 두려워하여 매수하기를 꺼릴 때 즉 가장 비관적인 분위기일 때 가장 최적의 매수 시점이 된다는 내용이다.

38.
황소와 곰은 돈을 벌 수 있으나 돼지는 벌 수 없다

공격할 때 뿔을 위로 쳐드는 모양을 하는 황소는 강세 시장(Bull Market)을 상징 한다.

강세 시장에서는 대부분 일반 투자자들도 수익을 낼 수 있다.

반대로 공격을 할 때 잎 발을 위에서 아래로 내려치는 모양을 하는 곰은 약세 시장(Bear Market)을 상징 한다.

약세 시장에서 일반 투자자들이 수익을 내기가 쉽지 않다.

그렇지만 낙폭 뒤에 오는 단기 반등을 이용한 단기 매매를 하거나 선물 투자 등으로 수익을 올릴 수 있다. 물론 쉽지는 않다.

하지만 돼지는 돈을 못 번다. 그 이유는 지나친 욕심 때문이다. 탐욕을 가지고 위험하거나 무리한 투자를 해서는 실패할 수밖에 없다.

주식 시장에서 수익을 올리기 위해서는 주식 시장이 강세장이냐 약세장이냐보다도 욕심의 절제를 하는 것이 무엇보다 중요함을 강조한 내용이다.

39.
천정권의 호재는 팔고 바닥권의 악재는 사라

거래량이 폭발적으로 늘어나고 이동 평균선과의 이격이 크게 벌어진 천정권에서 나오는 호재는 일반적인 투자자들에게 폭발적인 매수세를 이끌게 한다.

주식 시장이 천정이 가까워지면 주식 시장 전반에 걸쳐 지나친 낙관론이 확산하게 된다. 하지만 촛불은 꺼지기 직전이 가장 밝음을 잊어서는 안 된다. 현명한 투자자는 고가에 매도할 수 있는 기회를 잡을 것이다.

이와 반대로 주가가 많이 내려 매수세가 줄고 거래량이 바닥을

치는 바닥권에서 나오는 악재는 통상적으로 일반 투자자에게 마지막 투매를 유도하게 한다.

이제 주식 시장이 끝났다고 무조건 팔려고 할 것이다. 당연히 주가는 폭락하게 된다.

하지만 현명한 투자자는 이때 기회를 잡는다. 저가에 좋은 주식을 마음대로 살 수 있기 때문이다. 동트기 전이 가장 어둡다는 것을 잊지 말자.

천정권에서 호재가 나올 때는 고가에 매도하고 바닥권에서 악재가 나오면 저가에 매수하자.

40.
천장 3일 바닥 100일

주가의 상승은 짧고 하락과 횡보는 길다는 뜻이다.

시세가 천정권에 있는 기간은 바닥에 있는 기간보다 훨씬 짧아 고가에서 매도할 기회가 왔을 때 우유부단하지 말고 신속하게 팔라는 것이다.

매도 기회를 놓치고 나면 또 얼마나 긴 조정 기간을 거쳐야 할지 모르기 때문이다.

매수는 기본적 분석을 거쳐 우량한 종목으로 선정하고 기술적 분석을 통해 최적의 시점에 매수하되 여러 차례 걸쳐 나누어 매수하는 것이 좋다. 그렇지만 매도의 기회는 짧아 신속하고 결단력 있게 매도하는 것이 좋다.

매도할 때의 기준은 거래량이다. 주가가 상승하고 거래량이 폭발적으로 늘어나며 음봉이 날 때가 매도 시점임을 알고 신속히 매도하면 된다.

결론적으로 매수는 최적의 기회가 올 때까지 천천히 나누어 매수하고 매도는 신속하게 결정하는 것이 좋다.

41.
대중이 가는 뒤안길에 꽃길이 있다

이 격언은 대다수의 개인 투자자들이 하는 패턴과 반대 방향으로 갈 때 좋은 성과를 올릴 수 있다는 뜻이다. 대다수의 개인은 주식 투자로 성공하지 못하니, 그들과는 다른 방향으로 움직이라는 말이다.

예를 들어 개인 투자자가 주식을 많이 사는 날은 파는 게 좋으며 개인 투자자가 많이 파는 날은 사라는 것이다.

종목도 마찬가지이다. 대중이 가는 길 즉 개인 투자자들이 선호하는 종목은 너무나 많은 사람이 보유하고 있어서 의견 일치 보기가 어렵다. 그러니 주가를 올리려 해도 팔려는 주식이 계속 나와서 오르기 힘들고 별로 재미가 없다.

개인투자자들이
몰리지 않는
곳에 투자해야
성공할 수 있다

'대중이 가는 뒤안길'은 다시 말하여 개인 투자자들이 선호하지 않는 종목으로서 주로 외국인이나 기관투자가들이 선호하는 종목을 뜻한다.

'꽃길이 있다'라는 것은 큰 수익이 날 수 있다는 뜻이다.

외국인이나 기관투자가들이 한발 앞선 정보력과 분석력 그리고 엄청난 자금력으로 주가를 들어 올리면 큰 수익을 낼 수 있다는 것이다.

그러니까 투자를 할 때는 일반 개인들이 많이 사는 종목보다 외국인이나 기관투자가들이 많이 사는 종목 위주로 투자하면 좋은 성과를 거두기 쉽다.

요즘은 인터넷을 통하여 기관과 외국인 그리고 개인 투자자의 전체 매매 동향을 알 수 있으니, 투자할 때는 이것을 꼭 참고해야 한다.

대중이 가는 뒤안길에 꽃길이 있으니 개인이 많이 사는 종목은 피하고 외국인이나 기관이 적극적으로 매수하는 종목에 투자하는 것이 유리하기 때문이다.

42.

천재지변이나 돌발사태로 인한 폭락 때는 사라

주식 시장이 전혀 예상하지 못한 충격요인에 의해 급락을 할 때는 적극적인 매수를 고려해야 한다.

예상하지 못한 천재지변이나 돌발사태는 2001년에 일어난 미국의 9.11 테러나 북한의 미사일 발사 핵 실험 등 특수한 지정학적 요인에 의해 급락한 경우들을 말한다.

이같이 예상하지 못한 외부적 충격에 의한 급락은 그 요인이 해소되거나 시간이 지나며 충격이 희석되면서 주가는 바로 회복되기 마련이다.

그러므로 천재지변이나 돌발사태로 인한 폭락이 올 때는 두려워하지 말고 적극적으로 매수를 고려해야 한다.

이것은 주식 투자에서 수익을 내는 가장 바람직한 시나리오이다. 이런 기회는 절대로 놓치면 안된다.

43.

계란은 한 바구니에 담지 마라

계란을 한 바구니에 담아 두었다가 실수라도 하면 한꺼번에 모두 깨뜨릴 수 있다.

그러므로 여러 곳에 나누어 두면 혹 실수하더라도 그중에서 일부분만 손실을 보고 나머지는 안전하다.

주식도 마찬가지다.

한 종목에 몰 빵을 했다가 악재라도 만나면 그냥 치명타를 입고 재기 불능의 상태로 빠질 수 있다. 그러므로 분산투자를 하여 위험을 회피하라는 내용이다.

먼저 전체적으로 현금과 보유주식과의 밸런스를 적절하게 유지해야 한다. 그러고 나서 분산투자를 하되 매수 종목과 매수 시점도 몇 차례에 걸쳐 나누는 것이 좋다. 그것이 더욱더 안전하기 때문이다.

그렇다고 너무 지나치게 많은 종목을 보유하는 것도 바람직하지 않다. 관리하기 힘들기 때문이다. 개인차가 나겠지만 3~4종목 정도와 적정한 현금 보유가 무난할 것이다.

계란을 한 바구니에 담는 것은 투자가 아니고 투기나 도박이라 할 수 있다.

계란은 절대로 한 바구니에 담지 말자.

44.
소문에 사고 뉴스에 팔자

많은 증시 격언 중에서 실전에 가장 많이 적용되는 것으로 주가에는 선행성이 있음을 특히 강조하는 내용이다.

예를 들어보자.

<사례 1>

미국의 대표적 전기차 기업인 테슬라는 2022년 8월 25일에 액면분할 하여 1주를 3주로 전환했으며 아울러 권리락도 동시에 이루어져 주가는 전일종가의 3분의 1로 시가를 형성하게 되었다.

액면분할은 자본금의 변동 없이 주식 수가 늘어나고 주가는 낮아지게 된다. 그러므로 액면분할을 하면 일반적으로 투자자들의

접근성이 좋아져 주가에는 호재로 작용하게 된다.

하지만 테슬라의 경우 액면분할의 호재가 이미 주가에 선반영 되었기 때문에 액면분할 일인 8월 25일 기준주가가 297.09달러에서 10월 20일 종가는 207.28달러로 30% 이상 폭락했다.

소문에 사서 뉴스에 팔아야 하는데 이런 투자 격언을 모르고 액면분할이라는 호재만 생각하고 그냥 매수한 투자자들은 큰 손실을 보았을 것이다.

<사례 2>

1990년 8월 2일 이라크의 쿠웨이트 침공으로 개시된 걸프전은 유가 급등을 초래했고 아울러 전 세계적으로 주가를 끌어 내렸다.

그동안 많이 내린 주가는 미군이 지상군을 투입할 시점이 되자 전쟁 확산의 공포감으로 주가는 더 많이 내렸다.

그리하여 미군이 지상군을 투입하던 날 주가는 시초가에는 급락했다. 하지만 이내 반등하기 시작하여 종가에는 대폭등하였고 그 날 이후 주가는 상승세를 이어갔다. 그동안의 악재는 모두 주가에 선반영 되었기 때문이다.

결론적으로 바닥권에서 이미 반영된 악재가 뉴스로 될 때는 그것으로 인한 악재는 더 이상 없을 것이므로 오히려 주식을 사야 하고, 천정권에서 선반영 된 호재가 뉴스로 될 때는 이제 그로 인한 더 이상의 기대감은 없어질 것으로 오히려 주식을 팔아야 한다는 것이다.

45.

부피가 크다고 좋은 것은 아니다

작은 고추가 더 맵다는 우리나라 속담과 맥을 같이하는 투자 격언으로 개인 투자자들이 투자 성향을 바꿔야 좀 더 안전한 주식 투자를 할 수 있다고 강조하는 내용이다.

예를 들어 100만 원으로 투자를 할 때 동일 조건일 경우 10만 원 하는 주식 10주를 매수할 수 있고 1만 원 하는 주식은 100주, 1,000원 주식은 1.000주를 매수할 수 있다.

일반적으로 개인 투자자들의 경우 적은 돈으로 많은 양의 주식을 가지고 싶은 심리로 즉 질보다 양을 택하여 1,000원 하는 주식 1,000주를 취하는 경향이 많다.

하지만 주식 투자에 있어 주식 수량의 많고 적음은 별 의미가

없다 오히려 주식 수량이 많을 때는 환금성에 문제가 생길 수 있으며 무엇보다 저가주는 펀드 멘탈에 주의해야 하므로 양보다 질을 택하여 10만 원 하는 주식 10주를 매수하는 것이 안전하다고 투자 격언은 알려 준다.

주식 투자를 하다 보면 수익도 나지만 누구나 손실도 볼 수 있다. 보유한 주식이 부실하여 관리 종목으로 넘어가거나 상장 폐지를 당하면 한순간 끝이다.

안전하고 성공적인 투자를 위해서 주식의 부피나 양에 관심을 가질 것이 아니라 주식의 펀드 멘탈과 질에 중점을 두어야 한다.

VI. 나만의 전략

46.
내가 가장 잘 아는 종목에 투자를

자신이 가장 잘 아는 종목에 투자하라고 수 없이 강조했다.

그런데 잘 아는 종목이란 그 기업이 무엇을 하는 회사인지 부채비율은 어느 정도이고 영업이익률과 배당금은 어떠한지 등으로는 부족하다. 그 정도는 일반 투자자들도 알고 투자를 하니까. 물론 그런 것도 모르면서 무 대포로 들이대는 분들도 가끔은 있다.

필자는 여기에 더하여 그 종목만의 특징적인 움직임도 더 철저히 분석하고 파악한 후 투자하라고 강조한다.

예를 들어 A종목의 전일 수급이 좋은 경우

미국 주식 시장이 올랐을 때와 내렸을 때 당일 A종목의 주가는 어떻게 움직이는지 이 경우 거래량은 얼마나 되고 종가 관리는 잘 되는지 시간 외 거래에서의 거래량은 어느 정도 인지 등 A종목만의 특징적인 움직임을 평소 완벽하게 연구 분석해 두라는 것이다.

외국인과 기관투자자들과 싸워 이기려면 투자하는 종목은 그들보다 훨씬 더 많이 알아야 한다. 그러기 위해서는 많은 연구와 노력이 필요하다.

누구보다 내가 가장 잘 알고 있는 종목에 투자할 때 성공 투자를 할 수 있다.

47.
단순해야 이길 수 있다

바둑에 비유해 보자.

기력 5급인 친구가 내기 바둑을 두는데 10급 정도의 중급자(단순한 주식 투자)들과 겨루는 것이 유리할까.

1급 정도 두는 고급자(선물 투자)들과 내기하는 것이 유리할까. 아니면 프로 유단자 (옵션 투자)와 내기하는 것이 유리하겠는가?.

답은 너무 쉽다.

자신보다 잘 두는 집단과 겨루어서는 승산이 없을 것이다.

투자의 세계도 마찬가지다.

어설픈 지식이나 상식, 부족한 정보력 등으로 선물 투자나 옵션 투자를 해서 한두 번의 수익을 낼 수 있겠지만 결국은 감당할 수 없는 손실을 볼 것이다.

자신을 돌아보고 함부로 투자해서는 안 된다.

투자는 단순해야 승산이 있고 이길 수 있다.

그렇다면 주식 투자 어떻게 해야 승산이 있을까?.

앞서도 언급했으나 이 세상은 나보다 똑똑하고 현명한 사람들이 많다. 정보력이나 자금동원력에서 비교가 안 되는 집단들이 너무 많다.

투자는 결국 기관투자가나 외국인과 싸움이며 이들과 싸움에 이기려면 단순한 주식 투자를 해야 한다.

어렵고 복잡한 선물이나 옵션 투자로 외국인이나 기관투자가를 이기기는 힘들다.

원래 선물과 옵션거래는 현물 주식하락의 위험을 회피하기 위한 용도로 생긴 상품이지만 현재는 투기장화 되어 위험하므로 필자는 개인들이 선물과 옵션에 투자하는 것을 권하지 않는다.

거듭 말하지만 투자는 단순해야 한다.

정밀하고 철저한 분석을 통하여 자신이 누구보다 더 완벽하게 잘 아는 종목에 집중 투자를 할 때 성공할 수 있다. 기관투자자나 외국인을 이길 수 있는 것이다.

48.
데이 트레이더의 종목 선정

데이 트레이더에게 종목 선정은 대단히 중요하다.

하루 주식 시장 중 주가의 움직임이 너무 작은 종목은 곤란하다.

데이 트레이더에게 어느 정도의 변동성은 꼭 필요하다.

그래야만 그 변동성을 이용한 시세 차익을 볼 수 있기 때문이다.

그뿐만이 아니다.

변동성도 중요하지만 투자자의 입장에서 볼 때 어느 정도 예측 가능한 방향으로 움직이는 종목이 필요하고 전혀 예측하지 못한 방향으로 움직이는 종목은 곤란하다. 이런 종목은 수수료와 세금을 감안 할 때 승률 50% 넘기기가 어렵기 때문이다.

매수할 종목은 그 전날
충분한 연구가 있어야 한다

그러므로 종목을 선정할 때는 그냥 막연한 감으로 선정할 것이 아니라 철저한 분석과 연구를 통하여 주가 움직임을 완벽하게 파악할 수 있을 때 투자를 해야 한다.

그렇지 않으면 투자를 하지 않는 것이 좋다.

투자하여 돈을 버는 것도 중요하지만 잃지 않는 것이 더 중요하기 때문이다.

데이 트레이더가 투자를 할 때는 개인이 선호하는 종목보다 외국인과 기관이 선호하는 종목 중에서 분석하여 투자하는 것이 더 높은 수익률을 올릴 수 있을 것이다.

결론적으로 데이 트레이더의 종목 선정기준은

첫째, 변동성

둘째, 예측 가능성

셋째, 수급이 양호한 종목 등이다.

49.
매수 주문 시 척후병을 세워라

역사적으로 볼 때 전투 중 척후병 없이 전진하다 몰살당하는 경우를 흔히 볼 수 있다.

주식 시장은 보이지 않는 전투이다.

이기느냐 지느냐 하나의 혈투라 할 수 있다.

이기기 위해서는 철저한 준비가 필요하다.

매수 주문 시 즉흥적으로 적당히 주문을 넣어서는 안 된다. 정확한 차트 분석 후 1차 지지선, 2차 지지선, 3차 지지선까지 분할하여 주문을 넣어야 한다. 이때는 전일 저가나 당일 저가도 함께 고려해야 한다. 단기 매매의 경우에는 더욱 그렇다.

매수할 때는 분할 매수함이 원칙이고 맨 먼저 척후병 역할로 1차 매수 시 그 수량은 20%가 무난하다.

참고로 2차, 3차의 매수 주문량은 주식 시황이나 각자의 성향에 따라 정하면 된다.

1차로 매수체결이 된 후 주가가 오르면 그만큼 수익을 올리는 것이 되고 또 주가가 내리더라도 2차, 3차 다시 물량을 확보할 수 있으니 전혀 부담스럽지 않을 것이다.

욕심을 내어 그냥 한 번에 왕창 매수하는 것은 실패의 지름길이 된다. 성공 투자하기 위해서는 최소한 한 번의 척후병은 세워라.

50.
소형주 투자

자본금이 작은 회사의 주식을 소형주라 하며 대형주와 반대되는 개념이다. 소형주 투자는 이름 그대로 규모가 작은 기업에 투자하는 것이다. 투자할 때 유의 할 점을 살펴보면

첫째, 일반적으로 소형주는 대형주보다 안정성이 떨어지므로 중장기 투자에는 적합하지 않고 단기 투자에 적합하다. 단 유보율이 높고 부채비율이 낮으며 실적이 좋은 기업은 예외다.

둘째, 보통 소형주는 거래량이 적어 그에 상응하는 규모의 투자를 해야 한다. 소형주에 너무 큰 금액을 투자하는 것은 환금성이 떨어지기 때문이다.

보통주
우선주
우선주는 보통주에 비해
거래량이 적다 그리고
우선주는 보통주보다 낮은
가격에 거래된다

셋째, 소형주는 통상적으로 가볍게 움직이므로 오를 때는 더 많이 오르고 내릴 때는 더 많이 내린다. 이러한 변동성을 적절히 잘 활용하면 좋은 성과를 낼 수 있다.

소형주의 변동성과 안전성이 떨어지는 단점을 커버할 수 있는 대안으로 우량대형주의 우선주에 투자하는 것도 좋은 방법이다.

그렇지만 우량대형주 우선주 모두가 변동성을 가진 것은 아니며 개인의 투자 성향과 투자금액에 맞는 종목발굴이 중요하다.

종목발굴을 할 때는 보통주와 가격 차이가 적정해야 하는 점과 자신에게 맞는 적당한 거래량은 반드시 선정기준에 넣어야 할 것이다.

결론적으로 소형주 투자도 변동성을 잘 이용하면 좋은 성과를 얻을 수 있으므로 재무제표 분석을 통하여 우량한 소형주와 이러한 성질을 가진 우량대형주 우선주에 투자하는 것도 좋은 전략이 될 수 있다.

51.
단기매매는 호가 구성이 유리한 가격대에서

2023년 1월 25일 유가증권 코스닥 코넥스 시장 호가 가격 단위가 13년 만에 개편됨에 따라 유리한 호가 가격대도 많이 바뀌게 되었다.

개편 이전에는 10.000원이나 100.000원이 유리한 호가를 구성하였으나 이번 개편안에 따라 호가 단위가 세분화되어 그 메리트가 상실되었고 이제는 2.000원 20.000원 200.000원이 호가 구성상 가장 유리하게 되었으며 다른 조건을 배제한다면 단기매매는 이 가격대가 유리할 것이다.

그 이유는

첫째, 호가 구성이 상승할 때 유리하기 때문이다.

예를 들어 40,000원인 주식과 10,000원인 주식 그리고 20.000원 하는 주식을 매수하여 1%의 수익을 남기고 매도한다고 가정해 보자.

가격대별 호가 구성

40.400	20.400	10.080	204.000원
40.350	20.350	10.070	203.500원
40.300	20.300	10.060	203.000원
40.250	20.250	10.050	202.500원
40.200	20.200	10.040	202.000원
40.150	20.150	10.030	201.500원
40.100	20.100	10.020	201.000원
40.050	20.050	10.010	200.500원
40.000	20.000	10.000	200.000원
39.950	19.990	9.990	199.900원
39.900	19.980	9.980	199.800원
39.850	19.970	9.970	199.700원
39.800	19.960	9.960	199.600원

위의 표에서 40,000원인 주식이 1% 오르는데(40,400원) 50원씩 8단계를 거쳐야 한다. 한번 호가가 바뀔 때마다 평균 0.125%씩 오른다.

20만
단타는 2만원이나
20만원을 조금 넘는 주식에
주목하라
2만

10,000원인 주식이 1% 오르는 데는 (10,100원) 10원씩 10단계를 거쳐야 한다. 한 번 호가가 바뀔 때마다 0.1%씩 오른다.

20.000원 하는 주식이 1% 오르는데 (20.200원) 50원씩 4단계만 오르면 된다. 한번 호가가 바뀔 때 0.25%씩 오르기 때문이다.

20.000원 하는 주식이 40.000원이나 10,000원 하는 주식보다 호가 구성이 훨씬 유리하다. 단, 다른 외부 환경이 모두 같다고 가정할 때 그렇다.

참고로 200,000원 하는 주식과 2.000원 하는 호가 구성은 20,000원 하는 주식의 호가 구성과 같고 그 효과도 같다.

둘째, 20,000원이나 200,000원 (2.000) 하는 주식의 호가 구성은 하락할 때도 다른 가격대와 비교할 때, 유리하게 구성되어있다.

위의 표에서 20,000원인 주식과 10,000원 40.000원 하는 주식을 비교해 보자. 20,000원 주식은 1% 내려가는데(19,800원) 10원씩 20단계를 거친다. 한 단계에 평균 0.05%씩 내린다.

10,000원인 주식은 1% 내려가는데(9,900원) 10원씩 10단계를 거쳐야 한다. 한 단계 내리는 데 평균 0.1%씩 내린다.

40.000원 하는 주식은 1% 내려가는데 (39.600원) 50원씩 8단계 만에 내린다. 1단계 내리는데 평균 0.125%씩 내린다.

다시 말해서 20,000원이나 200,000원(2.000원) 하는 주식은 하락 시에도 다른 가격대와 비교해서 천천히 내리므로 유리한 호가 구성이다.

결론적으로 20,000원, 200,000원 하는 주식은 상승 시 빠르게 오르고, 내릴 때는 지지를 많이 받기 때문에 천천히 내리므로 다른 가격대에 비하여 훨씬 유리하다.

단기매매 특히 스캘핑을 하는 투자자들은 참고할 내용이다.

52.
안 팔면 본전이란 생각 버려라

주식 시장이 약세를 보일 때 투자자들은 큰 손실을 보는 경우가 많다.

지인 K씨는 2년 전쯤 코로나 관련주로 인기를 끈 A주식 200주를 주당 10만 원에 매수하여 계속 보유하고 있다. A주식은 현재 3만 원을 오르내리고 있다.

K씨는 '안 팔면 본전이다'라는 마인드를 가지고 마냥 본전이 오기만을 기다리고 있다.

손절매를 몰랐거나 알아도 실천하지 못했기 때문에 고통을 받고 있다.

K씨와 같이 매도 기회를 놓쳐 큰 손실로 고민하는 경우 어떻게 해야 할까?

본전이 오면 매도한다며 속수무책으로 기다리지 말고 이렇게 대처하자.

위의 사례에서 현재 3만 원인 A주식이 4만 원 안팎으로 반등을 하면 전체물량 200주 중 100주는 매도하자.

매도 후 주가가 더 오르면 보유한 100주가 있으므로 손실을 만회할 수 있고, 주가가 다시 내리면 3만 원에 재매수하여 주식 수를 더 늘린다. 230주로 늘어나게 되는 것이다.

4만 원에 매도한 금액만으로 매수하는 것이지 추가로 물 태우는 투자는 아니다. 여기서 4만 원이 오면 무조건 매도하라는 의미가 아니고 다만 하나의 기준으로 제시한 것이며 실전에서는 거래량이나 기타지표를 참작하여 융통성 있게 매도하는 것이 좋다.

위와 같이 하면 아무런 대책 없이 마냥 기다리는 것보다 원금 만회에 도움이 될 것이다.

반등을 활용하여 어느 정도 성과를 거두었기 때문이다. 그렇지 않으면 반등이 오더라도 항상 제자리에 있을 뿐이다.

결론적으로 손해 본 주식 안 팔면 본전이 아니라 주식 수만 같다는 것이고 주가가 내리면 매도하지 않아도 교환가치는 떨어지므로 절대 본전이 아니다. 손절매하지 못한 점 철저히 반성하고 원칙대로 투자하자.

53.
약세장에서 대응하기

약세장에서 수익을 내는 것은 굉장히 어렵다.

큰 폭 하락 후 소폭의 반등을 주고 다시 큰 폭 하락과 소폭의 반등을 되풀이하며 주가가 내리는 것이 약세장의 전형적인 모습이기 때문이다.

이 같은 약세장에 대처하기 위해서는 어떻게 해야 할까?.

첫째, 전체 주식 시장이 좋아질 때까지 당분간 쉬는 것을 생각할 수 있다. 쉬는 것도 투자가 될 수 있다.

당분간 쉬면서 주식 시장을 보면 보다 객관적인 모습을 볼 수 있을 것이고 저절로 거기에 합당한 대처방안이 생길 것이다.

자신이 투자했을 때 수익을 가져다 주는 기업이 자신과 코드가 맞는 종목인 것이다

둘째, 약세장에서도 투자를 계속해야 하면 투자금액 중 20% 정도 투자함이 무난할 것이다.

약세장에서 무리한 투자는 투자가 아니라 투기나 도박이 될 수 있으므로 소액투자를 원칙으로 하는 것이 좋다.

셋째, 약세장에서 투자 원칙은 단기차액을 노리는 게 정석이다.

일반적으로 약세장에서 전형적인 모습은 큰 폭의 하락과 소폭의 반등을 거듭하므로 장기간 보유할수록 불리하기 때문이다.

넷째, 약세장에서도 일정한 흐름이나 규칙을 보이는 종목이 있으므로 이런 종목을 찾아 투자해야 한다.

예를 들어, 필자는 일정한 흐름을 보이는 A종목이 아침 동시호가에 2% 이상 하락하면 A종목에 투자한다. 하루 중 보합 가까이 반등하는 경우가 많았기 때문이다.

꾸준하게 연구하고 분석하면 이런 종목을 찾아낼 수 있을 것이고 주식 투자에서 좋은 성과를 거둘 수 있을 것이다.

54.
강세장 전략

바닥에서 20% 이상 반등하면 약세장을 벗어난다고 한다.

그간 힘들었던 약세장도 언젠가는 끝날 것이므로 다가올 좋은 장을 준비하며 기다려야 한다.

강세장은 상승과 소폭의 조정을 주고 다시 큰 폭의 상승과 소폭의 조정을 되풀이하며 주가가 오르는 게 강세장의 전형적인 모습이다.

강세장에서 유의할 점을 살펴보자.

첫째, 강세장에서는 장기투자를 원칙으로 하여야 한다.

큰 폭 상승과 소폭의 조정을 반복하는 강세장 특성상 장기 보유할수록 유리하기 때문이다.

둘째, 장기보유 하기 위해서는 절대로 부도나지 않을 우량주에 투자해야 한다.

국내기업이든 외국 기업이든 장기투자를 하려면 필자는 시가총액 기준으로 최소 10위 안에 드는 초우량 대형주에 투자하기를 권한다.

셋째, 강세장에서는 주도 주에 투자해야 할 것이다.

상승장세에는 주도 주와 아니냐에 따라 수익률 면에서 큰 차이가 난다. 주도 주는 시기와 경제 상황에 따라 변하므로 정확히 분석하고 신중히 판단하여 주도 주에 투자해 수익률을 높여야 할 것이다.

넷째, 강세장에서도 뜻밖의 사태에 대비하여 일정 부분은 현금으로 보유하고 있어야 한다.

개인의 성향에 따라 차이가 나겠지만 필자는 20~30%는 항상 현금으로 보유하기를 권한다.

55.
주식 쉽게 사지 마라

주식을 살 때 쉽게 사면 물리기 쉽다.

이 가격에 설마 체결이 되겠어 하고 아주 낮은 가격에 넣은 주문이 매수체결이 되면 그 주식이 돈을 벌게 해 준다.

매수가 되지 않으면 본전이다. 너무 쉽게 체결된 종목은 수수료와 세금을 내고 나면 손해 보기 십상이기 때문이다.

필자는 전일 미국 시장이 특별히 급등 혹은 급락을 보이지 않고 평범하게 마감된 날은 이같이 한다.

일단 수급이 좋은 종목 중에서 3~4종목을 선택하고 선택된 종목들은 전일 장중 저가에 매수 주문을 넣는다.

매수체결이 되지 않은 종목은 그냥 본전이고 매수체결이 된 종목은 어느 정도 수익을 남기고 매도를 한다.

이 경우에는 강세장인지 약세장인지에 따라 융통성 있게 매도하는 것이 중요하다.

여기서 강조하고 싶은 점은 데이 트레이딩에 있어서 평범한 날 매수 주문의 기준은 주식을 너무 쉽게 사지 말고 전일 장중 저가를 기준으로 삼아라 는 것이다.

56.
윈도 드레싱 때의 전략

윈도 드레싱(Window Dressing) 이란 쇼 윈도우 전시를 멋지게 장식하여 소비자들의 구매 욕구를 더욱 불러일으키려는 마케팅 기법이다.

증권시장에서는 기관투자가들이 펀드 등에서 보유주식의 평가액을 높이기 위해 결산기에 맞춰 해당 기업의 주가를 인위적으로 끌어 올리는 것을 말한다.

또한 펀드 매니저에게 연봉산정에 불리한 투자성과가 좋지 않은 일부 종목들은 매도하여 정리하기도 한다.

펀드의 결산 시점은 분기(3개월) 반기(6개월) 1년 주기가 있고 월 결산도 가끔 있다.

결산기가 다가오면 증권시장에서는 윈도우 드레싱으로 인하여 일시적으로 주가의 부익부 (급등) 주가의 빈익빈 (급락) 현상이 심화 될 수가 있다.

그러므로 윈도 드레싱 하는 날에 자신이 보유한 종목이 별다른 이유 없이 급등하면 매도하여 차익을 실현 함이 좋은 전략이 될 것이다. 또한 펀드 등의 성과 관리 차원에서 기관들이 매도하여 급락한 종목은 기업의 펀드 멘털에 문제가 없다면 매수하는 것도 또한 좋은 전략이 될 것이다.

윈도 드레싱이 지나고 나면 보통 주가는 제자리를 찾아가기 때문이다.

57.
물에 빠진 운동화 건지려고 하지 마라

몇 년 전에 시골 한동네에서 실제로 있었던 일이다.

억수같이 비가 많이 내리던 어느 여름날 중학생 한 명이 빨리 집으로 가다 불어난 개천에 운동화 한 짝을 빠뜨렸다.

개천의 물은 너무 위험했고 그냥 포기해야 했지만 아쉬운 미련 때문에 그 운동화 한 짝을 건지려다 그만 거센 개천물에 휩쓸려 가고 말았다. 너무나 안타까운 죽음이었다.

이 경우를 필자는 주식 시장에 많이 비유한다.

손해가 난 주식을 손절매하지 못하고 미련을 가지고 보유하고 있거나 오히려 물 태우기를 하다 전혀 예상하지 못한 악재를 만나서 단번에 재기불능의 파산상태로 가는 투자자를 많이 보았기 때문이다.

주식 투자 격언에 매수한 가격은 잊어버리라고 한다. 본전에 집착하여 전체주식 시장이 무너져 내리는데 미련하게 주식을 움켜잡고 있지 말라는 뜻이다.

일정 부분 이상으로 손실이 났을 때는 물 태우지 말고 손절매를 하여 치명적인 손실은 줄이고 다음 기회를 엿보는 것이 정석 투자이다.

물에 빠진 운동화 건지려다 아차 하면 큰일 난다.

58.
하한가로 내릴 때

보유하고 있는 종목이 하한가로 내려가는 경우가 있다.

하한가까지 내려간다는 것은 큰 악재가 있어 주식을 매도하려는 엄청난 세력이 있다고 봐야 한다.

하한가로 떨어진 종목은 장중 반등할 수 있겠지만 강한 매도세에 밀려 다시 하한가로 내려갈 확률이 더 높다.

이런 현상은 대형주보다 중 소형주에서 더 자주 발생하며 인지도가 낮은 기업일 경우 매수세 자체가 사라질 수 있어 더욱 위험하다.

어떤 종목은 매도 기회마저 주지 않고 며칠씩 하한가를 친 경우가 있다.

그러므로 자기가 보유하고 있는 종목이 하한가 근처로 내리면 어떻게 할지 미리 의사결정을 해 두어야 한다.

하한가까지 내리지 않고 버티어 주면 매수세 또한 상당하다 볼 수 있으므로 급하게 매도할 필요는 없다.

주가 추이를 보면서 적절하게 대처하면 된다. 그렇지만 일단 하한가로 내려가면 남들보다 먼저 매도될 수 있도록 신속하게 주문을 내는 것이 좋다.

하한가로 매도한 후 다시 주가가 반등할 수 있겠지만 망설이다 순서가 뒤로 밀려 당일에 주식을 매도하지 못할 수도 있기 때문이다.

일반적으로 매도 잔량만 잔뜩 쌓여있고 매수세가 없는 상태로 끝난 하한가 종목은 그다음 날에도 폭락으로 시작할 가능성이 크므로 그 손실은 엄청날 수가 있다.

그러므로 장중 한 번이라도 하한가로 내려간 종목은 서둘러 매도하는 것이 유리하다.

만일 당일에 팔리지 않았다면 그다음 날은 어떻게 대처해야 할까?.

먼저 하한가의 원인을 분석해야 한다.

그 원인에 따라 의사결정을 해야 한다. 그 원인이 일회성이나 단발성이면 주가 추이를 보며 결정하는 것이 좋다. 그 원인이 지속성이라면 무조건 매도해야 할 것이다.

그 원인이 불확실하거나 판단하기 힘들면 우량주나 대형주는 주가의 추이를 살펴보며 결정하되 반등이 올 때까지 기다리는 것이 좋으며 부실주나 중 소형주인 경우는 위험관리 차원에서 매도 처리하는 것이 좋을 것이다.

59.
매도 시 금요일 종가는 피하자

토요일이나 일요일, 공휴일과 같이 주식 시장이 열리지 않는 동안에도 주가에 영향을 주는 여러 가지 변수들은 생길 수 있다.

경험적으로 보면 이같이 주식 시장이 열리지 않는 시간 중에는 호재가 나올 확률보다 악재가 나올 확률이 더 높다.

이 기간에 돌발 악재가 발생하면 연휴가 끝난 후 주가 폭락은 불 보듯 뻔하다. 이 경우 투자자들은 속수무책일 수밖에 없다.

이런 연유로 금요일과 같이 연휴를 앞둔 날 주식을 매수하여 연휴 기간 보유하기보다 연휴가 끝난 후 매수하는 게 유리할 것이다. 그러므로 연휴를 앞둔 날은 당연히 매수세보다 매도세가 강할 것이고 이날 하루 중에도 종가로 갈수록 그런 경향은 강해진다.

특히 데이 트레이더들이 정리하지 못한 물량들을 손절매하는 심정으로 종가에 팔려고 할 것이다. 그리하여 단기 매매 물량이 장 막판에 일시에 쏟아지다 보면 터무니없이 낮은 가격에 금요일 종가가 마무리되는 경우도 왕왕 있다.

대형 우량주보다는 상대적으로 거래량이 적은 중 소형주에서 이런 현상은 자주 발생하여 뜻밖의 손해를 보는 경우가 많다.

신용 만기가 도래하거나 미수금 처리 문제 등 어떤 이유에서든 금요일을 포함한 휴일을 앞둔 날에 반드시 주식을 팔아야 할 경우라면 시초가나 장중 매매를 통하여 파는 것이 안전하다.

혹시 장 막판까지 주가가 더 오를 수 있을 거라는 막연한 기대로 종가까지 가지고 가면 안 된다. 터무니없는 기대로 금요일 종가에 매도하려다 뜻밖의 손실을 보는 경우가 더 많기 때문이다.

다시 한번 강조하면 금요일이나 휴일을 앞둔 날 반드시 주식을 팔아야 한다면 종가는 피하고 장중에 미리 파는 것이 안전하다.

60.
매도 시 숫자에 집착 마라

주식은 사는 것보다 파는 것이 더 중요하다는 투자 격언처럼 적절한 매도 타이밍을 잡는 것은 주식 투자의 핵심이라 할 수 있다.

실패한 투자자들은 대부분 파는 마무리를 잘하지 못한 것이 실패의 원인이 될 것이다.

실제로 지인 Y씨의 경우를 보면 2021년 5월경 코로나 관련주 C주식을 주당 13만 원에 100주 매수하여 현재 (2022년 11월 30일)까지 보유하고 있다.

Y씨가 매수한 후 C주식은 17만 원을 넘겨 20% 이상 수익을 내고 매도할 수 있었다. 하지만 20만 원에 매도하겠다는 근거 없는 숫자를 고집하며 욕심부리다 매도 기회를 놓쳤고 주가가 하락한 후에는 본전 가격인 13만 원에 매도하려다 손절매도 하지 못

하고 그냥 보유하고 있다.

현재 C주식은 6만 5천 원에서 7만 원 사이에서 움직이고 있고 이제 Y씨는 그냥 포기상태다.

Y씨의 매도 패턴을 좀 더 세밀히 분석해보면

20만 원이라는 근거 없는 숫자 즉 지나친 탐욕으로 인해 매도 기회를 놓쳤고 이후 13만 원에서 16만 원대까지는 줄곧 수익을 내고 매도할 수 있었으나 매수한 이후의 최고가인 17만 원을 고집하다 다시 매도 기회를 날렸다.

주가가 하락하여 손실이 나자 이제는 본전 가격인 13만 원을 집착하며 매도하지 못했고 주가가 더욱 하락하자 이제는 억울해서 못 팔겠다며 자포자기한 상태에 있다.

Y씨의 투자행태를 보면 매도에 대한 기준이 전혀 없고 단지 근거 없는 숫자에만 집착하다 실패한 투자의 전형으로 주변에서 흔히 볼 수 있는 모습이다.

결론적으로 매도 시점을 잡을 때는 확실한 기준이 있어야 한다.

불안해서 너무 일찍 매도해도 안 되고 지나친 욕심과 터무니없는 숫자에 집착해도 안 된다.

합리적이고 실현 가능한 목표가격을 정하고 그 가격이 오면 욕심부리지 않고 매도해야 한다.

손실이 났을 때는 정해 놓은 기준에 따라 손절매해야 한다.

61.
배당은 가려서 받자

배당은 받자. 하지만 가려서 받자. 잘못 받으면 손실 보기 때문이다. 배당을 받기 전 고려 할 내용을 정리해 보자.

먼저 주식배당은 피하고 현금배당만 받자. 주식배당은 배당락을 하지만 현금배당은 배당락을 하지 않는 것이 그 이유이다,

현금배당 종목 중에서 고율의 배당을 하는 종목도 피하는 것이 좋다. 고율 배당 종목은 배당하고 난 후에는 더는 매리트가 없어 매수세가 확연히 줄고 주가가 급락하기 때문이다.

그러므로 고율의 배당을 주는 종목을 보유하고 있다면 배당을

하기 전 매도하는 것이 좋은 전략이 될 수 있다.

그러면 어떤 종목에서 배당받을까. 그것은 본인이 미리 연구 분석하여 답을 찾아야 한다.

지난 역사를 되돌아보면 미래가 보인다.

지난 몇 년 동안 배당 내역과 배당 이후의 주가 흐름을 자세히 살펴본 후 배당받을 종목을 정해야 한다. 특히 배당 후 빠른 주가 회복세를 보인 종목을 선택해야 할 것이다.

배당은 기업이 일 년 동안 운영하여 얻은 수익금 중 일부를 주주에게 돌려주는 것이지만 필자는 배당 부에 매수하여 배당락 하는 날 또는 며칠 더 보유하고 단기 매도를 하는데 십 중 팔 구는 매년 배당금은 확보하고 손실 없이 매도하고 나왔다.

일 년 보유와 며칠 보유는 배당금에서의 차이가 없다. 배당만 받으려면 가성비 높게 투자하라는 뜻이다.

결론적으로 배당은 가려서 받는 게 좋다.

선정기준은 배당 후 빨리 배당 부 가격을 회복하는 종목으로 정하고 배당받을 종목은 미리 철저한 연구와 분석으로 결정해 두어야 한다.

62.
주식도 복기하자

바둑은 복기해 보는 것이 실력향상에 크게 도움이 된다.

주식도 마찬가지다. 수익이 났거나 손실을 보았거나 주식매매가 일 단락 되면 그 과정이나 원인 등을 되돌아보고 정확한 분석을 해야 한다.

수익이 났을 때는 그런 과정들을 계속 이어 가면 되지만 손실이 났을 때가 특히 중요하다.

이런저런 핑계나 변명으로 대충 넘어가지 말고 객관적으로 냉정하게 분석해 정확한 원인을 찾아내야 한다. 그리고 그 결과를 냉엄하게 받아들이고 반성과 책임을 느낄 때 진정한 자기 발전이 올 것이다.

중요한 점은 메모하는 습관이 좋다.

필자의 경우는 매수매도의 한 과정이 끝나면 결산하여 일정 금액 이상 수익이 나거나 손실이 나면 그 종목을 기록해 둔다.

몇 차례 수익이 나면 관심 종목으로 등록하여 더욱 적극적으로 투자를 하고 2회 이상 손실이 나면 절대 투자 불가 종목으로 메모해 둔다.

주식은 확률 게임이므로 차후 투자할 경우에도 이와 유사한 결과가 나올 확률이 높기 때문이다.

과거를 돌아보는 것은 더 나은 미래를 위해서이다. 주식 투자도 지난 과정을 복기함으로 성장과 발전을 이룰 수 있다.

63. 기회가 왔을 때 절대 놓치지 말자

외부적 요인에 의해 주식시장이 급락하여 시작하는 날은 놓치면 안 된다.

특히 데이 트레이더들에게는 더욱 그렇다.

폭락 뒤에는 반등이 오는 경우가 많으므로 선물의 움직임 등을 살펴보며 반등이 확인되면 적극적으로 투자를 해야 한다.

필자의 경우 책 뒤편에 실린 부록에서 보는 바와 같이 3일 결제 시스템을 이용한 레버리지를 충분히 활용하여 투자를 한다.

즉 계좌의 투자금액은 1천만 원 정도이나 당일 매수하여 매도한 금액은 2천만 원을 초과하는 경우가 많았으며 수익을 극대화하였다.

참고로 계좌에 현금 1천만 원이 있으면 증거금이 20%인 종목은 5천만 원까지 매수할 수 있으며(편의상 수수료와 세금은 제외) 증거금이 30%인 종목은 약 3천3백만 원까지, 증거금이 40%인 종목은 2천5백만 원까지, 증거금이 50%인 종목은 2천만 원까지 매수 가능하며 당일 전량을 매도하면 미수가 발생하지 않는다(단 당일 매수하여 큰 손실이 난 경우에는 예외).

그리고 당일 매도 후 재매수 및 매도도 반복하여 가능하다. 이론상은 그렇다. 하지만 실전에는 너무 위험하여 필자는 주변인에게 권하지 않는다. 수익이 날 수 있지만 엄청난 손실도 볼 수 있기 때문이다.

그렇지만 확실할 때는 우유부단 하거나 망설이지 말고 기회를 잡아야 한다. 단 무리하지 말고 자신의 투자금액 내에서 하는 게 좋을 것이다.

이와 관련하여 3일 결제 시스템을 정리해 보자.

주식거래는 3일 결제 시스템을 취하고 있다. 3일 결제시스템이란 주식을 매수하거나 매도할 때 결제는 3일째 되는 날 완료된다는 뜻이다.

매수할 때와 매도 할 때는 약간의 차이가 있다.

매수 때는 증거금만큼 현금이 매수 즉시 빠져나가고, 나머지는 3일째 되는 날 빠져나간다. 매도할 때는 매도 당일 대금 일부가 들어

오는 것이 아니고, 매도 대금 전부가 3일째 되는 날 들어 온다.

3일째 되는 날이란 토요일, 일요일, 공휴일과 같이 주식시장이 열리지 않는 날은 포함되지 않으며, 주식을 매매한 당일을 포함하여 주식시장이 열리는 날을 기준으로 하여 3일째 되는 날을 말한다.

3일 결제 시스템을 아래 달력에서 예를 들어 설명하겠다.

6월

일	월	화	수	목	금	토
	1	2	3	4	5	6
7	8	9	10	11	12	13
14	15	16	17	18	19	20
21	22	23	24	25	26	27
28	29	30				

오늘이 6월 1일(월요일)이고 오늘 A주식(증거금이 40%인종목) 100만원 만큼 매수했다고 하자.

그러면 매수한 금액 100만원×증거금 40%(즉 100만원×0.4)= 40만원이 계좌에서 즉시 빠져나가고, 나머지 60만원은 오늘을 포함해 주식시장이 열리는 날 기준으로 3일째 되는날 인 6월 3일날 빠져 나간다.

이번에는 6월 5일(금요일)에 B주식(증거금이 50%인 종목) 100만원 만큼 매수했다고 하자.

그러면 매수한 금액 100만원×증거금 50%(즉 100만원×0.5) = 50만원이 6월 5일 날 즉시 빠져나가고, 나머지 50만원은 6월 9일(화요일)날 빠져 나간다.

왜냐면 6월 6일과 6월 7일은 토요일, 일요일이라 주식

시장이 열리지 않기 때문에 주식을 산 6월 5일을 포함하여 장이 열리는 3일째 되는 날은 6월 9일이기 때문이다.

매도하는 것도 역시 3일 결제 시스템이다. 앞의 예에서 6월 1일 계좌에 1백만원 현금이 있을 때 A주식 2백만원 만큼 매수했다면 결제일인 6월 3일까지 나머지 1백만원을 계좌에 입금해야 한다.

그렇지 않으면 미수가 발생하고 결제일 다음날 즉 6월 4일 아침 동시호가 시간에 미수금 만큼 반대 매매 물량으로 나가게 된다. 그렇지만 6월 1일 당일 매수한 A주식 전량을 매도한다면 매수결제일에 매도결제 대금이 역시 입금되므로 미수금의 문제는 발생하지 않는다(당일 큰 손실을 보고 매도하는 경우는 예외).

하지만 이 같은 데이 트레이딩은 위험부담이 너무 커 필지는 절대 권하지 않고 자신의 보유 금액 범위 내에서 투자해야 한다고 거듭 강조한다.

결론적으로 외부적 요인에 의한 주가 급락이 왔을 때는 위기이자 기회가 될 수 있으므로 장세를 정확히 분석하여 적극적으로 임해야 한다.

2.160
5.340
0.450
2.600
27,000
1,225
0
30,393
5,000
2.180
5.350
0.000
2.440
1.600
5.690
0.410
2.750
1.830
2.310
4,500
564,494
92,464
56,512
128,544
874,820
0.450
2.600
1.600
2.290
3.090
0.000

부록

주식기간별수익률현황 | 일자별거래손익 | 당일매매일지 | 종목별실현손익 | 일자별종목별손익 | 계좌별 기간별 체결 현황

김병호 매매일 2020-02-25 ☑ 제비용 포함 ☐ 종목합산 유의사항 거래내역 상세 조회 다음

매도금액	22,739,950	수수료+제세금	63,514	당일매매손익	368,286	당일실현손익	368,286
매수금액	22,308,150	정산금액	368,286	매매수익률	1.65	당일실현손익률	1.65

종목명	구분	대출일	당일매수			당일매도			수수료	제세금	종목별 정산금액	당일 매매손익	매매 수익률	당일 실현손익	실현 수익률
			가격	수량	매입금액	가격	수량	매도금액							
하이트진로홀	현금		12,672	275	3,485,000	12,901	275	3,548,000	1,050	8,864	53,086	53,086	1.52	53,086	1.52
동성화학	현금		16,290	131	2,134,050	16,500	131	2,161,500	640	5,397	21,413	21,413	1.00	21,413	1.00
한일현대시멘	현금		23,200	85	1,972,000	24,254	85	2,061,600	590	5,148	83,862	83,862	4.25	83,862	4.25
제보엠이씨	현금		6,770	100	677,000	6,960	100	696,000	200	1,739	17,061	17,061	2.52	17,061	2.52
메디앙스	현금		8,500	200	1,700,000	8,760	200	1,752,000	510	4,379	47,111	47,111	2.77	47,111	2.77
안랩	현금		58,600	180	10,548,000	59,400	180	10,692,000	3,180	26,730	114,090	114,090	1.08	114,090	1.08
KPX홀딩스	현금		47,592	14	666,300	48,300	14	676,200	190	1,690	8,020	8,020	1.20	8,020	1.20
효성ITX	현금		13,402	84	1,125,800	13,722	84	1,152,650	330	2,877	23,643	23,643	2.10	23,643	2.10

16:05:15 정상 조회되었습니다.

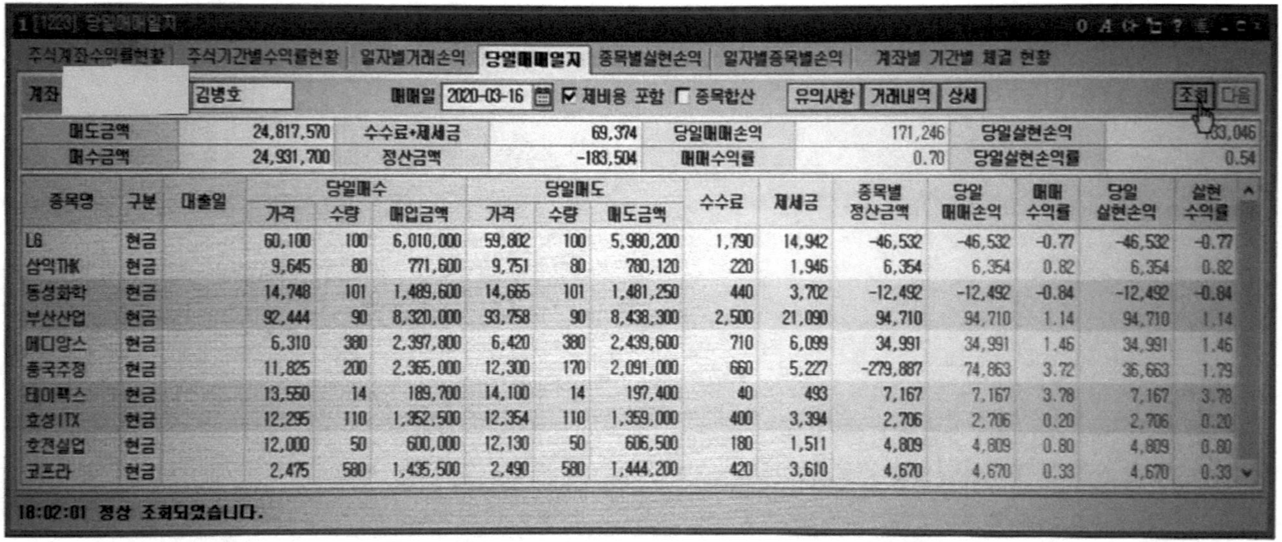

1 [1223] 당일매매일지

주식계좌수익률현황 | 주식기간별수익률현황 | 일자별거래손익 | **당일매매일지** | 종목별실현손익 | 일자별종목별손익 | 계좌별 기간별 체결 현황

계좌 김병호 매매일 2020-03-16 ☑ 제비용 포함 ☐ 종목합산 유의사항 거래내역 상세 조회 다음

매도금액	24,817,570	수수료+제세금	69,374	당일매매손익	171,246	당일실현손익	[illegible]33,046
매수금액	24,931,700	정산금액	-183,504	매매수익률	0.70	당일실현손익률	0.54

종목명	구분	대출일	당일매수			당일매도			수수료	제세금	종목별 정산금액	당일 매매손익	매매 수익률	당일 실현손익	실현 수익률
			가격	수량	매입금액	가격	수량	매도금액							
LG	현금		60,100	100	6,010,000	59,802	100	5,980,200	1,790	14,942	-46,532	-46,532	-0.77	-46,532	-0.77
삼익THK	현금		9,645	80	771,600	9,751	80	780,120	220	1,946	6,354	6,354	0.82	6,354	0.82
동성화학	현금		14,748	101	1,489,600	14,665	101	1,481,250	440	3,702	-12,492	-12,492	-0.84	-12,492	-0.84
부산산업	현금		92,444	90	8,320,000	93,758	90	8,438,300	2,500	21,090	94,710	94,710	1.14	94,710	1.14
메디앙스	현금		6,310	380	2,397,800	6,420	380	2,439,600	710	6,099	34,991	34,991	1.46	34,991	1.46
종국주정	현금		11,825	200	2,365,000	12,300	170	2,091,000	660	5,227	-279,887	74,863	3.72	36,663	1.79
테이팩스	현금		13,550	14	189,700	14,100	14	197,400	40	493	7,167	7,167	3.78	7,167	3.78
효성ITX	현금		12,295	110	1,352,500	12,354	110	1,359,000	400	3,394	2,706	2,706	0.20	2,706	0.20
호전실업	현금		12,000	50	600,000	12,130	50	606,500	180	1,511	4,809	4,809	0.80	4,809	0.80
코프라	현금		2,475	580	1,435,500	2,490	580	1,444,200	420	3,610	4,670	4,670	0.33	4,670	0.33

18:02:01 정상 조회되었습니다.

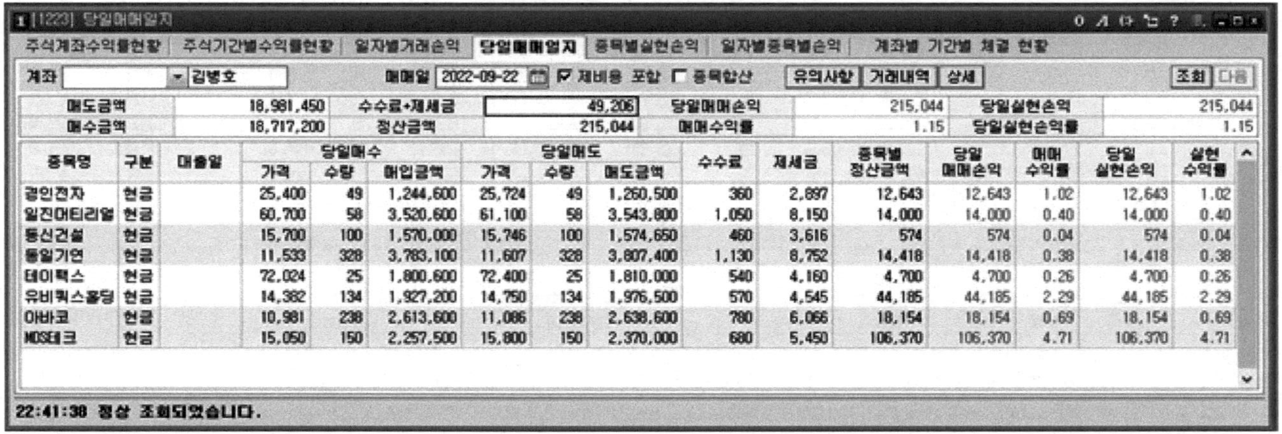

[1223] 당일매매일지

주식계좌수익률현황 | 주식기간별수익률현황 | 일자별거래손익 | 당일매매일지 | 종목별실현손익 | 일자별종목별손익 | 계좌별 기간별 체결 현황

계좌 김병호 매매일 2022-09-22 ☑ 제비용 포함 ☐ 종목합산 유의사항 거래내역 상세 조회 다음

매도금액	18,981,450	수수료+제세금	49,206	당일매매손익	215,044	당일실현손익	215,044
매수금액	18,717,200	정산금액	215,044	매매수익률	1.15	당일실현손익률	1.15

종목명	구분	대출일	당일매수			당일매도			수수료	제세금	종목별 정산금액	당일 매매손익	매매 수익률	당일 실현손익	실현 수익률
			가격	수량	매입금액	가격	수량	매도금액							
광인전자	현금		25,400	49	1,244,600	25,724	49	1,260,500	360	2,897	12,643	12,643	1.02	12,643	1.02
일진머티리얼	현금		60,700	58	3,520,600	61,100	58	3,543,800	1,050	8,150	14,000	14,000	0.40	14,000	0.40
동신건설	현금		15,700	100	1,570,000	15,746	100	1,574,650	460	3,616	574	574	0.04	574	0.04
동일기연	현금		11,533	328	3,783,100	11,607	328	3,807,400	1,130	8,752	14,418	14,418	0.38	14,418	0.38
데이텍스	현금		72,024	25	1,800,600	72,400	25	1,810,000	540	4,160	4,700	4,700	0.26	4,700	0.26
유비쿼스홀딩	현금		14,382	134	1,927,200	14,750	134	1,976,500	570	4,545	44,185	44,185	2.29	44,185	2.29
아바코	현금		10,981	238	2,613,600	11,086	238	2,638,600	780	6,066	18,154	18,154	0.69	18,154	0.69
MDS테크	현금		15,050	150	2,257,500	15,800	150	2,370,000	680	5,450	106,370	106,370	4.71	106,370	4.71

22:41:38 정상 조회되었습니다.

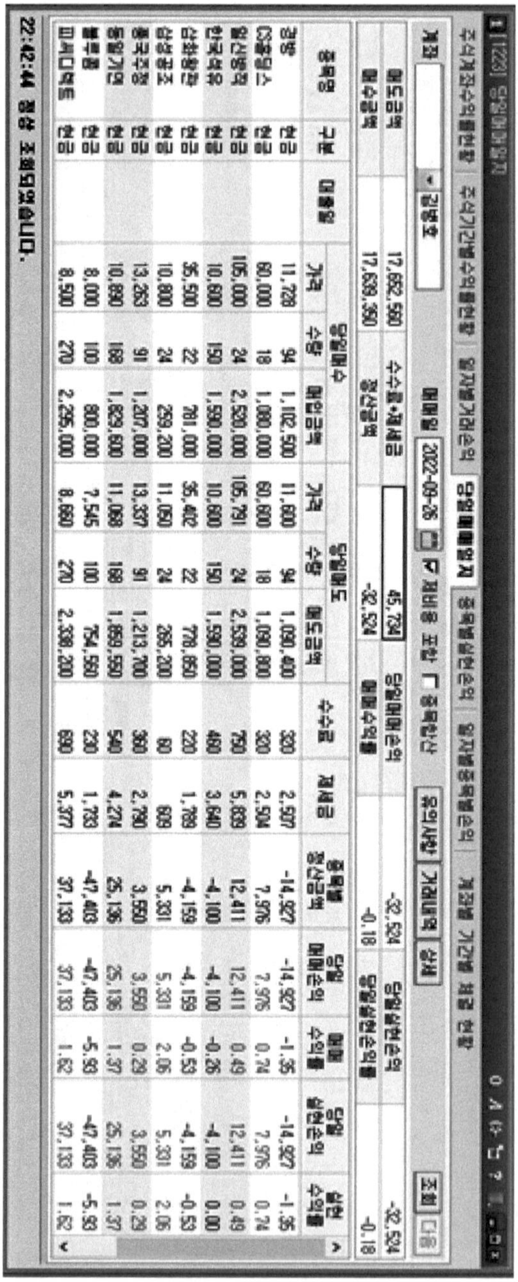
[1223] 당일매매일지

주식계좌수익률현황 | 주식기간별수익률현황 | 일자별거래손익 | 당일매매일지 | 종목별실현손익 | 일자별종목별손익 | 계좌별 기간별 체결 현황

계좌 김병호 매매일 2022-09-26 ☑ 제비용 포함 ☐ 종목합산 유의사항 거래내역 상세 조회 다음

매도금액	17,652,560	수수료+제세금	45,734	당일매매손익	-32,524	당일실현손익	-32,524
매수금액	17,639,350	정산금액	-32,524	매매수익률	-0.18	당일실현손익률	-0.18

종목명	구분	대출일	당일매수			당일매도			수수료	제세금	종목별 정산금액	당일 매매손익	매매 수익률	당일 실현손익	실현 수익률
			가격	수량	매입금액	가격	수량	매도금액							
경방	현금		11,728	94	1,102,500	11,600	94	1,090,400	320	2,507	-14,927	-14,927	-1.35	-14,927	-1.35
CS홀딩스	현금		60,000	18	1,080,000	60,600	18	1,090,800	320	2,504	7,976	7,976	0.74	7,976	0.74
일신방직	현금		105,000	24	2,520,000	105,791	24	2,539,000	750	5,839	12,411	12,411	0.49	12,411	0.49
한국석유	현금		10,600	150	1,590,000	10,600	150	1,590,000	460	3,640	-4,100	-4,100	-0.26	-4,100	0.00
삼화왕관	현금		35,500	22	781,000	35,402	22	778,850	220	1,789	-4,159	-4,159	-0.53	-4,159	-0.53
삼성공조	현금		10,800	24	259,200	11,050	24	265,200	60	609	5,331	5,331	2.06	5,331	2.06
흥국주정	현금		13,263	91	1,207,000	13,337	91	1,213,700	360	2,790	3,550	3,550	0.29	3,550	0.29
동일기연	현금		10,890	168	1,829,600	11,068	168	1,859,550	540	4,274	25,136	25,136	1.37	25,136	1.37
블루콤	현금		8,000	100	800,000	7,545	100	754,560	230	1,733	-47,403	-47,403	-5.93	-47,403	-5.93
피씨디렉트	현금		8,500	270	2,295,000	8,660	270	2,338,200	690	5,377	37,133	37,133	1.62	37,133	1.62

22:42:44 정상 조회되었습니다.

[1223] 당일매매일지

주식계좌수익률현황 | 주식기간별수익률현황 | 일자별거래손익 | 당일매매일지 | 종목별실현손익 | 일자별종목별손익 | 계좌별 기간별 체결 현황

계좌 김병호 매매일 2022-09-27 ☑ 제비용 포함 ☐ 종목합산 유의사항 거래내역 상세 조회 다음

매도금액	35,904,370	수수료+제세금	93,127	당일매매손익	376,123	당일실현손익	376,123
매수금액	35,435,120	정산금액	376,123	매매수익률	1.06	당일실현손익률	1.06

종목명	구분	대출일	당일매수			당일매도			수수료	제세금	종목별 정산금액	당일 매매손익	매매 수익률	당일 실현손익	실현 수익률
			가격	수량	매입금액	가격	수량	매도금액							
삼성공조	현금		10,900	50	545,000	10,935	50	546,750	160	1,252	338	338	0.06	338	0.06
경인전자	현금		24,750	67	1,658,250	25,118	67	1,682,950	490	3,868	20,342	20,342	1.23	20,342	1.23
키다리스튜디	현금		6,850	580	3,973,000	6,940	580	4,025,200	1,190	9,255	41,755	41,755	1.05	41,755	1.05
풍국주정	현금		12,528	131	1,641,250	12,609	131	1,651,800	480	3,798	6,272	6,272	0.38	6,272	0.38
동일기연	현금		10,729	396	4,249,000	10,839	396	4,292,500	1,270	9,868	32,362	32,362	0.76	32,362	0.76
참스코	현금		4,461	394	1,757,970	4,502	394	1,773,860	520	4,074	11,296	11,296	0.64	11,296	0.64
피씨디렉트	현금		8,000	380	3,040,000	8,104	380	3,079,560	910	7,082	31,568	31,568	1.04	31,568	1.04
유비쿼스홀딩	현금		13,118	238	3,122,300	13,138	238	3,126,950	920	7,191	-3,461	-3,461	-0.11	-3,461	-0.11
인화정공	현금		13,490	303	4,087,750	13,765	303	4,171,000	1,230	9,590	72,430	72,430	1.77	72,430	1.77
코프라	현금		5,020	380	1,907,600	5,110	380	1,941,800	570	4,465	29,165	29,165	1.53	29,165	1.53

22:43:56 정상 조회되었습니다.

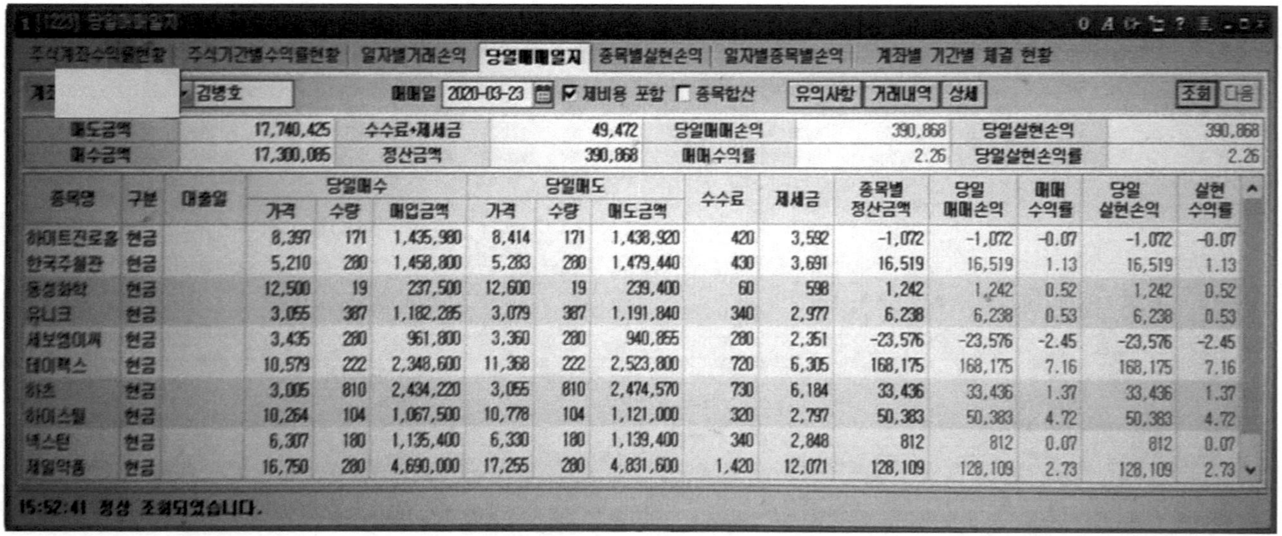

1 [1223] 당일매매일지

주식계좌수익률현황 | 주식기간별수익률현황 | 일자별거래손익 | 당일매매일지 | 종목별실현손익 | 일자별종목별손익 | 계좌별 기간별 체결 현황

계좌 김병호 매매일 2020-03-23 ☑ 제비용 포함 ☐ 종목합산 유의사항 거래내역 상세 조회 다음

매도금액	17,740,425	수수료+제세금	49,472	당일매매손익	390,868	당일실현손익	390,868
매수금액	17,300,085	정산금액	390,868	매매수익률	2.26	당일실현손익률	2.26

종목명	구분	대출일	당일매수			당일매도			수수료	제세금	종목별 정산금액	당일 매매손익	매매 수익률	당일 실현손익	실현 수익률
			가격	수량	매입금액	가격	수량	매도금액							
하이트진로홀	현금		8,397	171	1,435,980	8,414	171	1,438,920	420	3,592	-1,072	-1,072	-0.07	-1,072	-0.07
한국주철관	현금		5,210	280	1,458,800	5,283	280	1,479,440	430	3,691	16,519	16,519	1.13	16,519	1.13
동성화학	현금		12,500	19	237,500	12,600	19	239,400	60	598	1,242	1,242	0.52	1,242	0.52
유니크	현금		3,055	387	1,182,285	3,079	387	1,191,840	340	2,977	6,238	6,238	0.53	6,238	0.53
세보엠이씨	현금		3,435	280	961,800	3,360	280	940,855	280	2,351	-23,576	-23,576	-2.45	-23,576	-2.45
테이팩스	현금		10,579	222	2,348,600	11,368	222	2,523,800	720	6,305	168,175	168,175	7.16	168,175	7.16
하츠	현금		3,005	810	2,434,220	3,055	810	2,474,570	730	6,184	33,436	33,436	1.37	33,436	1.37
하이스틸	현금		10,264	104	1,067,500	10,778	104	1,121,000	320	2,797	50,383	50,383	4.72	50,383	4.72
넥스턴	현금		6,307	180	1,135,400	6,330	180	1,139,400	340	2,848	812	812	0.07	812	0.07
제일약품	현금		16,750	280	4,690,000	17,255	280	4,831,600	1,420	12,071	128,109	128,109	2.73	128,109	2.73

15:52:41 정상 조회되었습니다.

주식계좌수익률현황 | 주식기간별수익률현황 | 일자별거래손익 | 당일매매일지 | 종목별실현손익 | 일자별종목별손익 | 계좌별 기간별 체결 현황

계좌 김병호 매매일 2020-03-20 ☑ 제비용 포함 ☐ 종목합산 유의사항 거래내역 상세 조회 다음

매도금액	29,951,260	수수료+제세금	83,565	당일매매손익	1,000,875	당일실현손익	1,000,875
매수금액	28,866,820	정산금액	1,000,875	매매수익률	3.47	당일실현손익률	3.47

종목명	구분	대출일	당일매수			당일매도			수수료	제세금	종목별 정산금액	당일 매매손익	매매 수익률	당일 실현손익	실현 수익률
			가격	수량	매입금액	가격	수량	매도금액							
고려산업	현금		1,330	2,800	3,724,000	1,385	2,800	3,878,000	1,130	9,695	143,175	143,175	3.84	143,175	3.84
일신방직	현금		44,050	8	352,400	45,350	8	362,800	100	905	9,395	9,395	2.67	9,395	2.67
세방전지	현금		22,300	220	4,906,000	22,936	220	5,046,000	1,480	12,615	125,905	125,905	2.57	125,905	2.57
동성화학	현금		12,227	415	5,074,250	12,749	415	5,291,200	1,550	13,216	202,184	202,184	3.98	202,184	3.98
유니셈	현금		3,510	1,800	6,318,000	3,701	1,800	6,662,400	1,930	16,655	325,815	325,815	5.16	325,815	5.16
테이팩스	현금		11,865	117	1,388,250	12,100	117	1,415,700	410	3,537	23,503	23,503	1.69	23,503	1.69
넥스턴	현금		6,000	233	1,398,000	6,184	233	1,440,940	410	3,601	38,929	38,929	2.78	38,929	2.78
호전실업	현금		9,910	179	1,773,920	10,037	179	1,796,660	520	4,489	17,731	17,731	1.00	17,731	1.00
코프라	현금		1,950	1,000	1,950,000	2,017	1,000	2,017,560	590	5,042	61,928	61,928	3.18	61,928	3.18
오리온	현금		99,100	20	1,982,000	102,000	20	2,040,000	590	5,100	52,310	52,310	2.64	52,310	2.64

16:05:14 정상 조회되었습니다.

에필로그

이 책을 마무리하면서 독자분들과 사위에게 꼭 드리고 싶은 이야기가 있습니다.

먼저, 자기 자신에게 맞는 규모의 투자를 하라는 것입니다.

총 투자금액은 순자산 대비 5~10%를 초과하지 않는 것이 좋습니다. 주식은 확률 게임이고 개인투자자가 주식 투자로 수익을 낼 확률은 10% 미만으로 너무 낮은데 과다하게 투자해서는 안 되겠지요. 무리한 투자로 손실이 나면 돈도 잃고 건강도 잃을 수 있으니 명심하기 바랍니다.

참고로 며칠 전(2023년 2월 19일) 글로벌 운용사인 JP모건자산운용이 발간한 '가이드투더마켓' 보고서에 따르면 최근 10년간 각국의 주가 상승률에서 미국은 연평균 12.6% 상승률을 기록했고 우리나라는 연평균 상승률이 1.9%라고 합니다. 이는 연간 물가 상승률에도 훨씬 못 미치는 부진한 성적입니다. 이것이 의미하는 바를 잘 새겨주기 바랍니다.

다음으로, 기본 원칙을 철저히 지키고 정석투자를 하되 그중에서도 손절매 원칙은 반드시 지키자는 것입니다.

IMF 등 어려운 환경 여건 속에서도 살아남은 주식투자자들을 보면 몇 가지 공통점이 있습니다. 과욕을 부리지 않고 분산투자 등 기본 원칙을 철저히 지키고 정석 투자를 한다는 점입니다. 이는 무엇보다도 손절매 원칙을 철저히 지키기 때문입니다. 저는 주식투자 원칙 중 가장 중요한 원칙이 바로 손절매 원칙이라고 생각합니다. 위기 속에서도 다음 기회를 잡을 수 있게 해주니까 그렇습니다.

이 책은 '주식으로 부업하기'를 일부 참고했음을 밝혀두며, 이 책을 읽는 모든 독자분들과 사위 모두에게 건강과 행복이 깃들기를 기원합니다.

사위에게 알려주는 주식 노하우

1판1쇄 2023년 4월 6일

저자 김병호
삽화 김마정
발행인 이경화

발행처 디자인21
주소 04560 서울특별시 중구 퇴계로 293-1 3층
전화 02-2269-6561(대)
팩스 02-2269-6568
e-mail 21publish@naver.com

등록번호 제1-1128호
등록일자 1991.2.12

ISBN 978-89-6131-109-0 03320

정가 17,000원

http://21publish.co.kr/
https://blog.naver.com/publish21